Helke Sander:

DIE ALLSEITIG REDUZIERTE PERSÖNLICHKEIT – REDUPERS

FILM | LEKTÜREN

Band 7

Herausgegeben von Jörn Glasenapp

Helke Sander:
DIE ALLSEITIG REDUZIERTE PERSÖNLICHKEIT – REDUPERS

Kevin Vennemann

et+k
edition text + kritik

Bibliografische Information der Deutschen Nationalbibliothek
Die Deutsche Nationalbibliothek verzeichnet diese Publikation in der Deutschen Nationalbibliografie; detaillierte bibliografische Daten sind im Internet über www.dnb.de abrufbar.

ISBN 978-3-96707-995-1

Levelingstr. 6a, 81673 München
www.etk-muenchen.de

Umschlagabbildung: Die allseitig reduzierte Persönlichkeit – Redupers
(Quelle: Deutsche Kinemathek)
Satz und Bildbearbeitung: Claudia Wild, Otto-Adam-Straße 2, 78467 Konstanz
Druck und Buchbinder: Esser printSolutions GmbH, Westliche Gewerbestraße 6, 75015 Bretten

Inhalt

1. Einleitung

Als in Beverly Hills eines Morgens am Straßenrand ein Mordopfer gefunden wird, drängt sich Dixon Steele als Verdächtiger geradezu auf: In Hollywood ist der begehrte Drehbuchautor für seinen Jähzorn bekannt, für Gewaltausbrüche, Eifersuchtsanfälle, und in seiner Wohnung war er der letzte gewesen, der das Opfer lebend gesehen hatte. Noch während die Ermittlungen laufen, begegnet Dixon seiner Nachbarin, der Schauspielerin Laurel Gray, und ist hingerissen von der lauteren Schönen, sie vom unberechenbaren Elegiker. Die Verliebten ziehen so schnell zusammen, wie sie sich auseinanderleben. Eines Morgens macht Dixon Frühstück und versucht dabei, das Skript der scheiternden Romanze umzuschreiben: »A good love scene should be about something else besides love. For instance, this one. Me fixing grapefruit. You sitting over there, dopey, half-asleep. Anyone looking at us«, jedes geübte Kinopublikum also, »could tell we're in love.« Jedes geübte Kinopublikum sieht tatsächlich, dass Laurel voller Angst in ihrer Ecke kauert, während sie nicht zum ersten Mal diesen Dixon in Rage beobachtet: Weil er das Grapefruit-Messer, das krumm gefertigt wird, für fehlerhaft hält, begradigt er es kurzentschlossen mit Muskelkraft, retabliert auf diese Weise seine Macht über das Obst. So steht er da in der Küche und sieht nicht, dass er hier keine paradigmatische Liebesszene spielt, sondern mit wieder aufgerichtetem Phallus im Paradiesapfel herumhackt.

In den Jahrzehnten nach Nicholas Rays In A Lonely Place (1950) entfernt sich das symbolische Feld »Zitrusfrüchte« im Kino vom Bild der geschändeten Weiblichkeit, verkündet stattdessen andere bevorstehende Gewaltakte oder schlicht großes Unglück. In Francis Ford Coppolas Mafia-Trilogie The Godfather (1972, 1974, 1990) dient die Omen-Orange als Dauerwitz, der über Jahrzehnte weitererzählt wird: in Point Break (Kathryn Bigelow, 1991), American Beauty (Sam Mendes, 1999), Requiem for a Dream (Darren Aronofsky, 2000), Children of Men (Alfonso Cuarón, 2006). Auch Maggie Gyllenhaals The Lost Daughter (2021) zitiert die Orange als Chaosbotin, greift zudem auf die Weiblichkeitsmetapher aus In A Lonely Place zurück. In ihrer Ferienwohnung wird Leda Caruso von einem opulenten Obstteller begrüßt, auf dem einige Orangen schon bald ganz ähnlich verdorben sind wie Ledas Beziehung zu ihren Töchtern. Vor Jahrzehnten hatte Leda ihre Familie verlassen, um akademischen Ambitionen nachzugehen, sexuell sich abseits der jungen Ehe zu erfüllen. Zum Abschied wurde sie von den ahnungslosen Töchtern aufgefordert, eine Navel-Orange – ohne dass die Schale reißt – mit jener mütterlichen Sorgsamkeit zu schälen, die sich Leda eigentlich nicht mehr abverlangen lassen wollte: »Don't let it break.

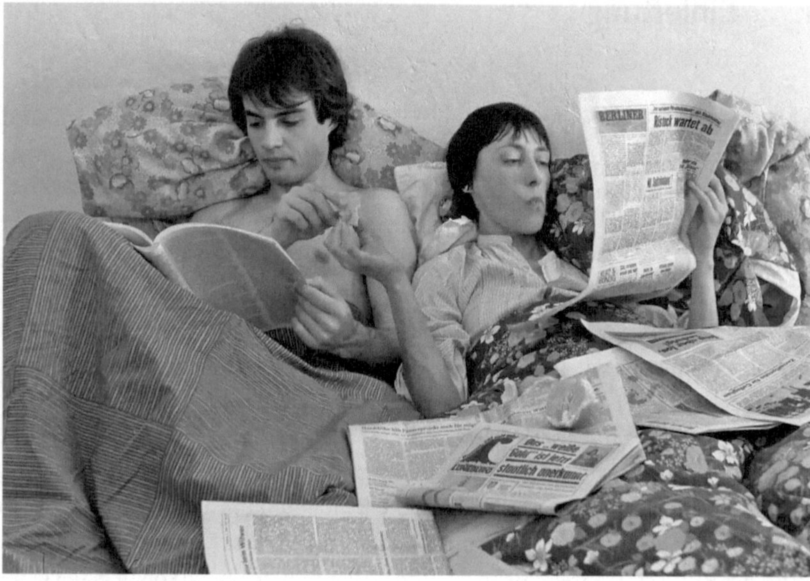

Abb. 1: Edda verteilt Orangen

Peel it like a snake«, intonieren die Kinder. Was für sie die latente Hoffnung auf eine unversehrte Verbindungsschnur zur Mutter symbolisiert, fehlerfreies Schälen, bedeutet für Leda die Qual der reiterierten Geburt, mit der sie einmal mehr belegen muss, dass sie die Mutterrolle gemeistert hat. Dabei will sie doch nichts mehr beweisen müssen. In einer anderen Rückblende erkundigt sich eine Tochter nach dem Ursprung des Wortes »navel«. Ohne zu antworten, fragt Leda, ob Bianca denn noch ein Wort für »Bauchnabel« kenne, und ja: »Bellybutton!« Diese Flucht in die Kindersprache erlaubt Leda, jedem aufrichtigen Gespräch über jenen Körperpunkt auszuweichen, mit dem sich die Nabelschnur-Fantasie zu verknüpfen sehnt. Der Abschied naht. Zum Andenken überreicht sie den Töchtern die abgetrennte Schnur, behält ihren Körper – die geschälte Zitrusfrucht, an der sich Dixon noch vergangen hatte – für sich. Endlich kann sie gehen.

In Helke Sanders Die allseitig reduzierte Persönlichkeit – Redupers (1977) ist es die Hauptfigur Edda Chiemnyjewski, die allein darüber verfügt, wer, wann, wie und warum zu Orangen Zugang hat. Die Früchte sind in Redupers weniger Omen als Femininitätssymbol. Edda schält sie mechanisch, reicht dem leidenschaftslosen Freund, dessen sie sich früher oder später entledigen wird, eine einzelne Spalte, behält den Rest der Frucht für sich selbst. Potenziellen Auftraggeber:innen will die freiberufliche Fotografin mit Orangenhälften über die

Enttäuschung hinweghelfen, dass sie sie nicht bezahlen können. Mehr als bloße Kompensation, Verpflichtung gar, bietet Edda weder dem Liebhaber noch der Kundschaft. Ganze, ungeschälte Orangen, denen immerhin das Potenzial einer familiären Bindung innewohnt, gibt sie anderen: Die Ostberliner Tante erhält einen ganzen Beutel voll. Eddas Mitbewohnerin und Eddas Tochter werfen einander Orangen zu – über Edda am Küchentisch hinweg, der zu beider Erheiterung die Früchte wiederholt an den Kopf prallen. »Vielleicht kann ich die ja auch nochmal essen«, grummelt Edda, die im ganzen Film nur dieses eine Mal freiwillig die Kontrolle über das Obst abgibt, damit über sich. Ähnlich gelöst wie in dieser Einstellung hingegen wirkt die Tochter, die trotz aller Mühen ihrer Mutter regelmäßig zu kurz kommt, sonst nie im Film: »Wir spielen doch nur.«

***

»Kino – seit seinen Anfängen als Traumfabrik und Phantasiemaschine gesehen […], wo die menschlichen Wünsche ihre Erfüllung finden, d. h. im Grunde als ein Gegen-Ort zur Realität verstanden – wird von Helke Sander in die ganz gewöhnliche Wirklichkeit zurückgeholt.«[1] Also in Eddas Westberliner Leben: Einkaufen, Kochen, Tanken, Einschlafen, Liebe, Aufwachen, Morgenkaffee, Erziehung, Fotos entwickeln, Rechnungen bezahlen und schreiben, säumige Kundschaft mahnen, Sport, Arbeitsweg, Heimweg, Recherchen, Müll rausbringen, auf dem Laufenden bleiben – »all that is present and moving, all that escapes or seems to escape from the fixed and explicit and the known, is grasped and defined as the personal: this, here, now, alive, active, ›subjective.‹« Diese private Wirklichkeit wird in REDUPERS komplementiert von »the known human relationships, institutions, formations, positions«,[2] von allem Sozialen, an dem sich Edda abmühen muss: Aufträge sichern, den städtischen Raum navigieren, mit den Blicken, Urteilen und Erwartungen Fremder umgehen und die Unmöglichkeit, die eigenen Bedürfnisse mit einer Welt zu vereinbaren, der alles weibliche Begehren als Übel gilt. Zerrissen von der Diskrepanz zwischen ihrem Selbstentwurf und ihrem gesellschaftlichen Sein, ohne das eine oder andere so richtig entfalten zu können, gibt Edda sich anderen Versuchungen hin. Sie weiß natürlich, dass Ostberliner Einlassungen nicht unbedingt der Ostberliner Realität entsprechen. Dennoch male sie sich häufig gerne aus, so behauptet eine Freundin, »wie nur einen Kilometer weiter die allseits entwickelte Persönlichkeit« längst existiert. Denn selbst wenn Winckelmanns humanistisches Menschenideal

1 Renate Möhrmann: *Die Frau mit der Kamera*, München 1980, S. 90.
2 Raymond Williams: *Marxism and Literature*, Oxford 1977, S. 128.

im DDR-Alltag eben nicht zu einem wirklich sozialistischen, also wirklich befreiten Subjekt verfeinert wird, so muss der Umkehrschluss keineswegs lauten, dass es Edda in Westberlin besser geht. Tagtäglich wird sie dort überfordert und enttäuscht – tagtäglich zerlegt die Stadt sie aufs Neue. Es bleibt von ihr nur das, was im Silbenwort »Redupers« vom eigentlichen Titel des Films bleibt: nicht viel. Als westdeutsche Redupers mag sich im Kapitalismus deshalb leicht von ostdeutschen Idealen träumen lassen.

Redupers sei »über die individuelle Geschichte hinaus eine erhellende zeithistorische Reflektion über die Deutungskonflikte zwischen aufklärerischer Gegenkultur« und »individueller Erfahrung« einerseits sowie »repressiven Machtstrukturen«[3] und kapitalistischem Zugriff auf den öffentlichen Raum andererseits: Unter dem Titel *Künstler sehen ihre Stadt* ruft der Berliner Senat einen Wettbewerb aus, der die Bevölkerung daran erinnern soll, wie gut es ihr hier doch geht. Gemeinsam mit vier befreundeten Fotografinnen erhält Edda den Auftrag, sie sehen genau hin, jedoch wenig Erbauliches: Westberlin ist düster in den Fotos der Gruppe, schlecht verwaltet, unbewohnbar und, was das Schlimmste ist, nicht allzu verschieden von seinem Pendant im Osten. Es steht zu befürchten, dass ihre viel zu negativen Aufnahmen abgelehnt werden. Was tun? Soll die Gruppe auf ihrer Perspektive insistieren? Oder sich fügen und das gewünschte positive Licht auf eine Stadt werfen, die ihnen aktiv schadet – als Künstlerinnen und als Frauen? Weil sie sich nicht einigen können, beschließen die Fotografinnen, bei Repräsentant:innen aus den Bereichen Presse, Kultur, Justizwesen und Politik Rat einzuholen, wie sie mit ihren Erfahrungen umgehen sollen, ohne Geld, Karriere, Ideale und Ruf zu riskieren.

Diese Suche nach einer gültigen und akzeptierten Erzählform für Erfahrungen, von denen bis dahin nur selten berichtet worden war, reflektiert die Ansätze anderer Filme von Frauen seit den späten 1960er-Jahren: »Feministische Ästhetik ist Ausdruck der Schwierigkeit, fühlend zu sehen, in einer Zeit, in der das Auge als abstrakter aller Sinne diese Objektivierung auf die Spitze getrieben hat.«[4] Ent-

3 Claudia Lenssen: »Die allseits reduzierte Persönlichkeit – Redupers«, in: Norbert Grob (Hrsg.): *Neuer Deutscher Film*, Stuttgart 2012, S. 232–240, hier: S. 238 und 239.

4 Jutta Brückner: »Nachbemerkung«, in: Möhrmann: *Frau mit der Kamera*, S. 227–231, hier: S. 228. Mit welchem Widerstand jeder Bemühung eines solchen Sehens begegnet wird, zeigt sich an den Herablassungen, denen sich die Filmemacherin Maya Deren ausgesetzt sieht, als sie 1963 im Gespräch mit Dylan Thomas, Arthur Miller und anderen ihre Distinktion zwischen vertikaler/subjektiv-poetischer und horizontaler/geradlinig-narrativer Filmanalyse erläutert. Vgl. Amos Vogel: »Poetry and the Film«, in: P. Adams Sitney (Hrsg.): *Film Culture Reader*, New York 2000 (1970), S. 171–186.

sprechend bedachtsam sei lange vorgegangen worden: »Viele der frühen Frauenfilme« – Ula Stöckls NEUN LEBEN HAT DIE KATZE (1968) beispielsweise, Helma Sanders-Brahms UNTER DEM PFLASTER IST DER STRAND (1975), Jutta Brückners HUNGERJAHRE (1980), Claudia von Alemanns REISE NACH LYON (1981), Jeanine Meerapfels MALOU (1981) – »kombinierten eine traditionelle Erzählstruktur mit unkonventionellen Sujets, um zwei gleichermaßen wichtige Ziele zu erreichen: *andere* Geschichten *anders* zu erzählen.«[5] Um Darstellungsmöglichkeiten zu finden für das, was bis dahin nicht dargestellt worden war. Fragen statt Antworten: »Suchende Stimmen führen in diesen Filmen in unkontrollierte Räume.«[6]

Helke Sander beschreibt dieses Suchen und Finden so: Frauen müssten »erst mal lernen, mit eigenen augen zu sehen und nicht vermittelt über andere. und wenn man gerade erst damit anfängt, selber zu sprechen, stottert man noch und schreibt keine gedichte.«[7] Und so: »Wo Frauen wahr sind, da machen sie kaputt.«[8] Umso schmerzhafter ist für die Fotografinnen in REDUPERS die Befürchtung, dass sie sich, um nicht ihre Einkommensgrundlage zu riskieren, einen widerständigen Akt genehmigen und zudem absegnen lassen müssen, wie mit ihrer Erfahrung umzugehen sei. REDUPERS freilich schildert diesen Schmerz sowohl »stotternd« als auch auf »kaputte« Weise: Der »entscheidende dramaturgische einfall des films, der die montagevielfalt als vielfalt vonn [sic] realitätskonstruktionen bzw. -infragestellungen erst möglich macht« spielt den »mediale[n] umgang mit realität, der sujet des films ist, weiter [ ] auf den ebenen der filmmontage. brüche, ironische distanzierung, verfremdungen, die durch immer neue bild-tonmontagen entstehen, führen dem zuschauer im doppelten sinne neue ansichten

5 Sabine Hake: *Film in Deutschland: Geschichte und Geschichte seit 1895*, Reinbek bei Hamburg 2004, S. 287–288. Vgl. auch ebd., S. 286, zur Abneigung der Filmkritik gegenüber diesen und anderen »Frauenfilmen«. Vgl. zur Problematik des Begriffs »Frauenfilm« Sabina Brändli: »Der feministische Film seit den Siebzigerjahren«, in: Thomas Christen (Hrsg.): *New Hollywood bis Dogma 95*, Marburg 2008, S. 314–338, hier: S. 314–316. Vgl. auch Helke Sanders Vorbehalte gegenüber dem Begriff in Christa Maerker: »›Was ich sagen möchte, kann ich so billig sagen.‹ Interview mit Margarethe von Trotta und Helke Sander«, in: Hans Günther Pflaum (Hrsg.): *Jahrbuch Film 78/79*, München 1978, S. 71–84.

6 Anke Zechner: »Auf der Suche nach der eigenen Wahrnehmung: Anmerkungen zur Befreiung des Blicks in Filmen von Frauen«, in: Karin Herbst-Meßlinger und Rainer Rother (Hrsg.): *Selbstbestimmt: Perspektiven von Filmemacherinnen*, Berlin 2019, S. 130–157, hier: S. 155.

7 helke sander: »feminismus und film: ›i like chaos, but i don't know, whether chaos likes me‹«, in: *frauen und film*, Jg. 5 (1978), H. 15, S. 5–10, hier: S. 8. Bis 1980 werden in *frauen und film* Nomen kleingeschrieben.

8 Maerker: »›Was ich sagen möchte‹«, S. 76.

von realität vor augen.«[9] Weitere »Ingredienzien« des Films: Eddas Fotografien und die der Fotografinnengruppe als Standfotos. Stadtkarten, literarische Zitate. Ambidiegetische Musik, zitierte andere Filme, Zeitungsmaterial und die Stimme einer Erzählerin, die auktorial alles zusammenhält. Sie teilt sich die Tonspur mit akustischen Manifestationen des Privaten und Öffentlichen: mit diegetischen Dialogen und Radiostimmen, gelegentlich mit extradiegetischer Musik – »Redupers spricht eine neue Filmsprache. Es ist der erste feministische Spielfilm der Bundesrepublik.«[10]

***

Wenige Jahre zuvor beginnt Helma Sanders-Brahms' Unter dem Pflaster ist der Strand mit der Diskussion einer Politgruppe über die Rolle verbündeter Männer im feministischen Kampf. Die Debatte gibt vor, dass der Film vor dem Hintergrund bestimmter politischer Entwicklungen zu lesen und von den Kämpfen der Frauenbewegung geprägt sein wird. Redupers macht keine solchen Ansagen. Solidarisiert sich zwar mit Filmen anderer Frauen, schreibt sich somit in eine Bewegung ein, bezettelt sich jedoch nie als »feministischer Film«. Fünf Frauen arbeiten gemeinsam an einem Projekt, sie fotografieren zusammen, diskutieren, sie versuchen, ihre Rolle als alleinerziehende Mütter mit ihrer Arbeit und dem Umgang mit Freundinnen und Kolleginnen zu vereinbaren. Ständig müssen sie Ein- und Ausnahmen verrechnen, über Kinder, Behörden und Gesundheit nachdenken und sich sorgen, wie sie nur die Zeit und Muße zur Selbstaktualisierung finden sollen. Sie gehen auf Demonstrationen gegen den § 218, vor allem jedoch, um auch dort zu arbeiten, und nie sprechen sie ausdrücklich über sich als Frauen. Keines ihrer im Film sichtbaren Fotos setzt sich mit dem auseinander, was traditionell als »Frauenthemen« abgetan wird, mit den vielen Formen sexistischer und misogyner Alltagsgewalt. Wie sich am herablassenden Umgang der Institutionen mit ihren Arbeiten zeigt, ist es durchaus entscheidend, dass sie als Frauen diese Aufnahmen gemacht haben – aber auch nur deshalb. Die Fotos selbst sezieren Berlin nicht aus einer »weiblichen« Perspektive, sondern als Fotos kritischer Individuen, die sich als Frauen identifizieren. Auch Edda ist immer zuerst Edda, private und politische Person. Ihre Probleme sind die Probleme eines Menschen, der freiberuflich kreativ arbeitet und in einer überteuerten

9 uta berg-ganschow: »wirklichkeit mit widerhaken«, in: *frauen und film*, Jg. 6 (1979), H. 20, S. 40–43, hier: S. 41.

10 Renate Fischetti: *Das neue Kino: Acht Porträts von deutschen Regisseurinnen*, Frankfurt am Main 1992, S. 30. Dasselbe wird in diesem Band auch von Ula Stöckls Neun Leben hat die Katze gesagt. Vgl. ebd., S. 100.

Stadt mit maroder Infrastruktur ein Kind großzieht. Es sind auch intersektionale Probleme. Denn Edda ist freiberufliche Fotograf*in*, alleinerziehende Mutter, die auch mit den geschlechterpolitischen Fallstricken umgehen muss, die ihr Leben systemisch mehr erschweren als das Leben eines freiberuflichen, alleinerziehenden Fotograf*en*. Zu einem feministischen Film wird REDUPERS also nicht, weil er ein programmatisches Anliegen formuliert. Vielmehr, weil er das Alltagsleben nicht eines beliebigen Menschen, sondern einer Frau dokumentiert, die mit repressiven Strukturen umgehen können muss, um zu überleben. Weil er hinsieht und zeigt, was historisch und gesellschaftlich nicht gesehen oder gezeigt wird. Helke Sander dazu: »Ich sehe mich als eine denkende Frau, und die verwickelt sich in vielerlei. Sie kriegt immer eins über und muß durchhalten. [...] Ich sehe mich als einen politischen Menschen, und zwar als eine politische Frau. Und aus dieser Haltung und überhaupt als Mensch mit unglaublich komplizierten Erfahrungen, Verbindungen, Besessenheiten und so weiter entwickelt sich eben mein Leben, wie sich aus anderen Bedingungen ein anderes Leben entwickelt. Aber ich mache nicht als Feministin Filme, sondern ich mache als Helke Sander Filme, und darin kommt sicher zum Ausdruck, daß ich eine Frau bin.«[11]

Einige der Entwicklungen dieses Lebens: 1966, im Gründungsjahr der Deutschen Film- und Fernsehakademie Berlin (DFFB), beginnt Helke Sander nach mehrjähriger Theaterarbeit ihr Filmstudium: »Da hatte ich große Schwierigkeiten, weil ich wirklich kein Geld hatte und ein Kind. Ich habe immer nebenher voll gearbeitet. [...] Und ich mußte mich sehr durchsetzen, weil die anderen am Anfang nicht richtig wahrgenommen haben, daß ich auch eine Studentin war und nicht nur eine Freundin.«[12] Sie wird die erste Absolvent*in* sein, hatte zuvor bereits politische Bekanntheit erlangt, denn sie »wollte eigentlich Filme machen, und dann habe ich gedacht, vielleicht sollte ich erst mal Politik machen.«[13] Am

11 Fischetti: *Das neue Kino*, S. 53. Andernorts ähnlich: »REDUPERS zum Beispiel hätte auch von einem Mann handeln können. Der Tag hat 24 Stunden, da passt nicht alles rein, was einen als Menschen interessiert. Aber bei einer Frau ist das noch mal potenziert; vor allem wenn sie ein Kind hat, kommen noch mal ein paar Etagen dazu.« Anna Kow, Melina Weissenborn: »Gespräch mit Helke Sander«, in: *Outside the Box*, Jg. 12 (2019), H. 7, S. 50–60, hier: S. 56. Vgl. zu Helke Sanders Haltung zum Feminismus-Begriff auch Ute Kätzel: *Die 68erinnen: Porträt einer rebellischen Frauengeneration*, Berlin 2002, S. 119. Vgl. auch Helke Sander in AUFRÄUMEN (Claudia Richarz, 2023): »Aber ich möchte auch nicht immer auf den Feminismus reduziert werden. Also als Bürgerin bin ich Feministin, und als Künstlerin mache ich jeden Quatsch mit.«

12 Fischetti: *Das neue Kino*, S. 41. Vgl. zu Helke Sanders Leben und Arbeit auch AUFRÄUMEN.

13 Helke Sander: »Das Private ist das Politische«, in: Hilke Schläger (Hrsg.): *Mein Kopf gehört mir. Zwanzig Jahre Frauenbewegung*, München 1988, S. 23–36, hier: S. 35.

13. September 1968 zum Beispiel, auf der 23. Delegiertenkonferenz des SDS in der Frankfurter Universität, klagt sie als Vertreterin des von ihr mitbegründeten *Aktionsrats zur Befreiung der Frauen* an, »dass der sds innerhalb seiner organisation ein spiegelbild gesamtgesellschaftlicher verhältnisse ist«,[14] wenn er deren misogyne Grundstrukturen im Vertrauen darauf reproduziere, dass es nur den Hauptwiderspruch zu lösen gelte, um auch alle Geschlechterverhältnisse zu regeln. Der *Aktionsrat* hat es eiliger: »wir können die gesellschaftliche unterdrückung der frauen nicht individuell lösen. wir können damit nicht auf zeiten nach der revolution warten, da eine nur politisch-ökonomische revolution die verdrängung des privatlebens nicht aufhebt, was in allen sozialistischen ländern bewiesen ist.«[15] Später als »Tomaten-Rede« berühmt geworden, gilt Helke Sanders Vortrag auch als Geburtsstunde der deutschen Frauenbewegung.[16] Zur etwa gleichen Zeit wirkt Helke Sander an der Gründung der ersten Berliner Kinderläden mit, um »eine antiautoritäre Erziehungspraxis zu verwirklichen, die Modellcharakter für eine zukünftige repressionsfreie Gesellschaft haben sollte.«[17]

Jahrelange Arbeit als Übersetzerin, Sekretärin, Journalistin. Lehraufträge folgen, die zerstückelte, auf den Überlebenskampf reduzierte Identität deutet sich an. Doch »[i]ch wollte Filme machen, und ich wollte mir die Bedingungen dafür schaffen.«[18] Zu Beginn der 1970er-Jahre mehrere, kürzere und längere Projekte. Wege kreuzen sich mit Sarah Schumann, Harun Farocki, Christian Ziewer, Rosa von Praunheim, gemeinsam mit Claudia von Alemann organisiert sie 1973 im Berliner Kino Arsenal das *1. Internationale Frauenfilmseminar*, das »zum ersten Mal international zeigen [konnte], was Frauen in der Männerdomäne Film machen. [...] Es hat darum gewissermaßen einen Grundstein gelegt für ähnliche Veranstaltungen in anderen Städten und Ländern.«[19] 1974 wohnt Helke Sander »zwei Wochen allein in einer kleinen Wohnung in einem kleinen fränkischen Dorf, um

14 Helke Sander: »Der Aktionsrat zur Befreiung der Frauen«, in: Kommissarischer Bundesvorstand des SDS (Hrsg.): *Dokumente der XXIII. ordentlichen Delegiertenkonferenz des SDS*, Frankfurt am Main 1968, S. 69–74, hier: S. 69.

15 Ebd., S. 70–71.

16 Vgl. Christine Thon: *Frauenbewegung im Wandel der Generationen*, Bielefeld 2008, S. 21. Zu den Geschehnissen vor, während und nach der Rede vgl. Kristina Schulz: *Der lange Atem der Provokation: Die Frauenbewegung in der Bundesrepublik und in Frankreich 1968–1976*, Frankfurt am Main 2002, S. 81–83.

17 Ebd., S. 72. Vgl. auch Helke Sander: »Projekt Betriebskindergärten«, in: *Rote Presse Korrespondenz*, Jg. 1 (1969), H. 27/28, S. 19–23, hier: 22.

18 Kow, Weissenborn: »Gespräch«, S. 52.

19 Stefanie Schulte Strathaus: »Zur Erinnerung: Das 1. International Frauenfilmseminar der BRD«, in: Michael Töteberg (Hrsg.): *Helke Sander: Mit den Füßen auf der Erde, mit dem Kopf in den Wolken*, Berlin 2003, S. 7–11, hier: S. 7.

herauszufinden, wie es weitergehen solle. Die Alternative war aufhängen oder nicht.« Während ihre Karriere stockt, erfreut der »Berliner Arbeiterfilm« sich großer Popularität, und das »mit einer Geschlechterauffassung, die die junge Frauenbewegung als sehr unzeitgemäß und reaktionär und frauenfeindlich analysieren konnte.« Mehr noch: Die »Oberhausener Generation« hatte gleichaltrigen Filmemacherinnen eine ganze Infrastruktur voraus: »diese boys, die bald ihre eigenen Produktionsfirmen und Geräte hatten und sich dadurch eine Arbeitskontinuität aufbauen konnten, die sie existentiell absicherte.«[20] Kurzentschlossen gründet Helke Sander mit *frauen und film* die erste feministische Zeitschrift Deutschlands: »wir wollen untersuchen, was die frauen hindert, sich als filmemacherinnen durchzusetzen und warum die mehrzahl von ihnen trotz steigenden programmbedarfs ständig gegen arbeitslosigkeit zu kämpfen hat oder arbeitslos ist.«[21] Auch Helke Sanders zahlreiche Projektvorhaben werden in diesen Jahren konsequent abgelehnt. Als Sozialistin und Feministin habe sie »praktisches Berufsverbot, auch wenn es nicht so hieß.«[22] »Frauenthemen«, argumentierten viele dieser Absagen, »besäßen kein Allgemeininteresse, beträfen eben bloß Frauen.«[23] Es sei deshalb »sicher auch nicht zufällig, daß es zwei Frauen waren«,[24] die Produzentin Clara Burckner und die ZDF-Redakteurin Maya Faber-Jansen, die dafür sorgten, dass REDUPERS entstehen konnte.

***

»und wenn man gerade erst damit anfängt, selber zu sprechen, stottert man noch«. REDUPERS dokumentiert den Verlauf dieses Stotterns hin zu einer Sprache, entfaltet sich prozessual »from the flat anonymity of a tracking shot« zu Beginn »to a still image representing depth« ganz am Ende, und von »the proliferation of voices to the single female voice that analyzes and reflects.«[25] Dieser Entwicklungsprozess gleicht einem »feminist political project that sees ›woman‹ as a figure who is always both becoming and becoming undone [...]. This figure is a site of political struggle over not only contested meanings, but also of continued

20 Helke Sander: »Wie Frauen und Film entstand«, in: *Frauen und Film*, Jg. 27 (2000), H. 62, S. 146–149, hier: S. 146–147.

21 Helke Sander: »nimmt man dir das schwert, dann greife zum knüppel«, in: *frauen und film*, Jg. 1 (1974), H. 1, S. 12–48, hier: S. 12.

22 Fischetti: *Das neue Kino*, S. 50.

23 Möhrmann: *Frau mit der Kamera*, S. 87.

24 Vgl. ebd., S. 95 zur Finanzierung und Produktion des Films.

25 Judith Mayne: »Female Narration, Women's Cinema: Helke Sander's THE ALL-ROUND REDUCED PERSONALITY / REDUPERS«, in: *New German Critique*, Jg. 10 (1982), H. 24/25, S. 155–171, hier: S. 171.

material inequalities that persist even after the concept of ›woman‹ is theoretically deconstructed as a phantasm.«[26] Als konzeptuelle Frau ist Edda nie vollendetes »Werk«. Sie entwirft sich noch, muss sich unablässig dagegen wehren, von anderen entworfen zu werden. Sie existiert als statische Einheit nie, verändert sich mit jedem einzelnen Kontakt zur Welt: zu Medien, Menschen, Strukturen, Arbeit, Material, Stadt, Freundinnen, Verkehr und auf einer Mikroebene durch sämtliche Affekte und Intensitäten. Ihre »subjektiven, kleinen probleme [...] bekommen, montageeinheit für montageeinheit, objektive kontur«,[27] bis am Ende gesprochen wird. Sodass in Westberlin für Edda rein gar nichts endgültig ist, sondern alles immerzu *wird.* Szene für Szene soll REDUPERS hier bei diesem Werden zugesehen werden.

26 Dijana Jelača: »Film Feminism, Post-Cinema, and the Affective Turn«, in: Kristin Hole (Hrsg.): *The Routledge Companion to Cinema and Gender*, London 2017, S. 446–457, hier: S. 450. Vgl. zum feministischen Prozess auch Annalisa Usai und Lidia Ravera: »Politik der Subjektivität«, in: *Courage: Berliner Frauenzeitung*, Jg. 3 (1978), H. 8, S. 25–29, hier: S. 25.

27 berg-ganschow: »wirklichkeit mit widerhaken«, S. 43.

2. Samstagmorgen

REDUPERS besteht aus zwei gleichlangen Hälften, deren erste gegliedert wird von fünf ungeschnittenen Kamerafahrten durch das graue Berlin mit seinem Wetter und Verkehr, mit seinen Baustellen, Ruinen und Mauern, mit seiner Mauer. Diese Fahrten raffen vergehende Zeit, dienen als Satzzeichen, die immer wieder »removing us from the space of ›fiction‹ and returning us to the anonymous public sphere«,[28] in jenen vorüberziehenden öffentlichen Raum, den die Reflektionen des Voiceovers mit Eddas privatem Raum kontrastieren und / oder ineinssetzen.

Nach der Peripetie des Films, als die Fotografinnen eines ihrer Projekte enthüllen, strukturiert dann nichts mehr die zweite Hälfte. Fortbewegung wird nicht mehr erzählt, kaum mehr Zeit vergeht – alles passiert ganz einfach und parataktisch. Hatten die Kamerafahrten und das Radio bis dahin eine öffentliche Sphäre verkörpert, an der sich Edda abarbeitet, ohne in sie eindringen zu können, so vermittelt in der zweiten Hälfte nur noch das Radio zwischen Edda und der Stadt.

2.1 Ein Block in Kreuzberg

Zunächst: Als zwar nicht anti-klassische, doch zumindest ungewöhnliche Exposition, die nur wenige der für den Zugang zum Film nötigen Grundlagen bereitstellt, eröffnet die erste Kamerafahrt gleich nach einem Standtitel, der sowohl Pressemeldung als auch Tagebucheintrag sein könnte: »berlin im märz 1977« besteht, wie dann zu sehen ist, zunächst vor allem aus Bürgersteig und Mauer. Zehn Jahre später wird der Engel Damiel in DER HIMMEL ÜBER BERLIN (Wim Wenders, 1987) kaum zehn Meter entfernt an der Ecke Waldemar- und Luckauer Straße als Mensch aufwachen. Die Berliner Mauer ist bei Wenders urbaner Einrichtungsgegenstand. Bei Helke Sander werde sie zum Hindernis und zur kritischen Figur einer Ambivalenz, die sowohl Distanz als auch Kontemplation verkörpere.[29]

28 Mayne: »Female Narration, Women's Cinema«, S. 160. Vgl. ebd., S. 158: Abgesehen von TÄTOWIERUNG (Johannes Schaaf, 1967) sei REDUPERS der vielleicht erste Film, der die Besonderheiten der Berliner Stadtlandschaft erkunde. Vgl. zudem Hake: *Film in Deutschland*, S. 251: Sowohl im west- als auch im ostdeutschen Film vor 1989 spiele die deutsche Teilung »eine überraschend kleine Rolle.«

29 Vgl. Judith Mayne: *The Woman at the Keyhole: Feminism and Women's Cinema*, Bloomington 1990, S. 55–56.

Vogelgezwitscher auf dem Weg in Richtung Süden und Oranienstraße, Verkehrsgeräusche, ominöses Hubschrauberrauschen. »Wer Berlin kennt, weiß, welch schrecklicher Monat der März in dieser Stadt ist. Es wird nicht richtig Tag, und es ist noch immer eiskalt.«[30] Wenige Wochen vor Beginn der »Offensive 77« und vor Ende des Stammheimer Prozesses dient die Mauer in einem solchen März als Wandzeitung der Kreuzberger Stimmung in den 1970er-Jahren: gesprühte Mauerabriss- und Umsturzforderungen, veraltete Aufrufe an die Bevölkerung, all jene Plakate abzureißen, mit denen Jahre zuvor nach RAF-Mitgliedern gefahndet wurde. Auf diesen ersten Metern der Fahrt sind Berlin und Film noch undurchdringliche Fläche, Zweidimensionalität ohne Erzählung. Dabei bleibt es nicht: Bald biegt die Mauer rechts ab, teilt in der Bildtiefe die Sebastianstraße in Ost und West. Hinten die Wohnsilos in der Westberliner Prinzenstraße, Besorgungen erledigende Passantinnen vorne als Andeutung einer Handlung. Zwar wird die Mauer als Sinnbild der Berliner Teilung auf dieser ersten Fahrt nicht mehr zu sehen sein. Das heißt nicht, dass alle ideologischen und geografischen Räume in Berlin und Film nun eins seien: In Redupers repräsentiere die Mauer jenes »more prosaically divided self of the working mother«,[31] sie diene als Metapher sowohl für »sexual difference« als auch für die Grenzen, die die symbolische Ordnung der Gesamtberliner Subjektivität auferlegt.[32] Allerdings sei es auch so, dass »the Berlin Wall creates a false dichotomy between two entities united by their urban common denominator«, und »the wall is ideological to the extent that it is symptomatic of a mode of consciousness in which slashes and divisions mark absolute and hierarchical differences.«[33] Diese eine Mauer existiert. Selbst wenn sie nicht (mehr) existierte, gäbe es im Westen eine Vielzahl anderer Demarkierungen, von denen die Fotogruppe im Zentrum der Handlung tagtäglich viel mehr betroffen ist.[34]

30 Heinz Bude und Karin Wieland: »Die Poetik des Korrekten«, in: Hans Richard Brittnacher (Hrsg.): *Schauplatz Berlin*, München 2018, S. 144–152, hier: S. 146.

31 Alison Butler: *Women's Cinema: The Contested Screen*, London 2002, S. 95.

32 Vgl. Kaja Silverman: »Helke Sander and the Will to Change«, in: *Discourse*, Jg. 6 (1983), S. 10–30, hier: S. 10.

33 Mayne: *The Woman at the Keyhole*, S. 53. Vgl. ähnlich auch Helke Sander in: Iris Gusner und Helke Sander: *Fantasie und Arbeit: Biografische Zwiesprache*, Marburg 2009, S. 14.

34 Helke Sander dazu: »I ask the viewer to consider a given situation from an alternative perspective, namely, a divided Berlin from a woman's perspective. It's a subversive procedure, perhaps even a form of utopia.« Marc Silberman: »Open Forms: Interview with Helke Sander«, in: *Jump Cut*, Jg. 11 (1984), H. 29, S. 59–60, hier: S. 60. Es sei jedoch »to Sander's credit that the wall is never directly appropriated by Edda and her friends as a symbol of women's struggle. Such a move would be self-aggrandizing and melodramatic, an artificial rounding off of the complexities and contradictions women's lives are entangled by.« Lisa Katzman: »Redupers: Women's Art in Public«, in: *Jump Cut*, Jg. 11 (1984), H. 29, S. 60–62, hier: S. 62.

Die Kamera auf ihrer Suche nach Einlass in den öffentlichen Raum fährt weiter. Ihr *traveling* im Stil des Direct Cinema lasse kein anklagendes Pathos aufkommen, sie halte schlicht fest.[35] Blätternder Putz, parkende Autos, düstere Kneipen, verrauchte Wohnzimmer hinter stumpfen Fenstern. Andere Hindernisse setzen von nun an die symbolische Arbeit der Mauer fort. Glanzlose Häuserfronten verstellen den Blick, Hinterhöfe voller Gestrüpp oder kriegsbedingte Baulücken bieten Augenblicke räumlicher und narrativer Tiefe, bevor die Kamera schon weitergezogen ist: viel zu schnell, als dass sich der Blick an der Erzählung festklammern könnte. Langsam genug für die Hoffnung, dass die Fläche bald wieder aufbrechen oder die Kamera innehalten möge, um eine ›richtige‹ Geschichte zu erzählen – als könne es sich dabei nur um eine ›Handlung‹ im herkömmlichen Sinne handeln.

In den Schaufenstern eines Inneneinrichtungsgeschäfts spiegelt sich der VW-Bus, von dem aus gedreht wird. So früh offenbart der Film auf ostentativ nachlässige Weise sich als Film: Seine Produktion ist nicht etwa mystisches Opus einer genialischen Autor:innenfigur, sondern kollektives Handwerk. Jemand fährt, jemand filmt. Auf der Oranienstraße Richtung Moritzplatz wird aus Häuserfronten eine Grundstücksmauer, schließlich ein Bauzaun, der Hubschrauberlärm weicht einem Wettstreit der Wellenlängen: amerikanische, britische, französische, west- und ostdeutsche Militär- und Zivilradiosender buhlen um die öffentliche Gunst. Immer wieder in Redupers wird das Radio aus allen Richtungen an die symbolische Omnipräsenz der Mauer als trennende Kraft gemahnen, zugleich ihre Durchlässigkeit belegen. Die Radioscharmützel enden, als die Bauzaunfläche in die Tiefe des Moritzplatzes mündet, Graffiti die Entführung eines westdeutschen Kommunisten in der DDR beklagen.[36] Die Hubschrauber mögen am Grenzübergang Heinrich-Heine-Straße bedrohlicher dröhnen als zuvor, doch nie macht Redupers sich mit der einseitig antisozialistischen Kritik westdeutscher Art gemein, nie dient die DDR als Negativfolie einer vermeintlich freieren BRD. Allenfalls deutet sich im Graffiti an, wie sehr *diese* Form des Sozialismus westdeutsche Sympathisant:innen enttäuscht haben muss.[37]

Mit einem Blick auf die Neubauten in der Westberliner Otto-Suhr-Siedlung endet die Fahrt. Nach den Zerstörungen des Zweiten Weltkriegs und nach zwei Jahrzehnten systematischer Verwahrlosung, nach Besetzungen, Protesten und Debatten in Politik, Presse und Bevölkerung rund um die Frage, wie genau sich

35 Vgl. Lenssen: »Die allseits reduzierte Persönlichkeit – Redupers«, S. 232.

36 Vgl. Anonym: »Vom Stasi verschleppt! Kommunistischer Arbeiter aus Neumünster in der DDR spurlos verschwunden«, in: *Roter Morgen*, Jg. 11 (1977), H. 8, S. 1 und 3.

37 Vgl. dazu im Detail Mayne: *The Woman at the Keyhole*, S. 53.

den vielen Menschen, die in heruntergekommenen Mietspalästen nach 1945 mehr hausen mussten als leben durften, ein neuer Lebensstandard verschaffen lassen könne, hatte sich in den frühen 1960er-Jahren der Senat für die Lösung Kahlschlagsanierung entschieden. Hier, im bereits abgetragenen Nordwesten der historischen Luisenstadt beginnt die letzte Bauphase in der Stallschreiberstraße: Es entsteht hier eben jenes fortschrittliche, saubere Berlin der Zukunft, das die Fotografinnen für den Senat dokumentieren sollen. Es wird hier in Redupers zum ersten und letzten Mal zu sehen sein.

2.2 Vorstellung in drei Schritten

Berlin als unzugängliche geografische und soziale Entität – dieses Bild wird erweitert und konkretisiert, als jene freundliche und kommunikative junge Frau auftritt, die im Anschluss nahezu jeder Szene als Mittelpunkt dienen wird. Als sozial und intellektuell kompetente Bürgerin wird sie in einem ersten Schritt eingeführt, in einem zweiten als alleinerziehende Mutter und WG-Bewohnerin, im dritten als sich mühende Freiberuflerin namens Edda Chiemnyjewski.

Edda denkt logisch, spricht kompetentes Englisch. Gleich zu Beginn eines Films, in dem Männer weitaus weniger handeln als im Kino üblich, lässt sie als weltläufige Mediatorin den interessierten Postboten an ihren Fähigkeiten teilhaben, wenn sie ihm eine sarkastische oder nur augenzwinkernde Nachricht ins Deutsche übersetzt, die das US-amerikanische dem deutschen Postwesen auf einem an Edda adressierten, angeblich jedoch zunächst nicht zustellbaren Brief hinterlassen hat.[38] »Vielleicht gibt's uns ja gar nicht« – also die Berliner Bevölkerung insgesamt sowie in Berlin jede einzelne Person für sich. Also auch Edda, die sich mit dem Zynismus der Gewohnheit über diese ihre Beseitigung aus einer öffentlichen Sphäre amüsieren kann, in der ihre Subjektivität nichts gilt. Dass

38 Zuweilen wird Redupers als inspiriert von Alexander Kluges Filmen gelesen. So reagiere Helke Sander auf Kluges Die Artisten in der Zirkuskuppel – Ratlos (1968), ein Film, dessen Protagonistin »a typically male perspective on state subsidy, independent cinema and the question of artistic creativity« vertrete. Thomas Elsaesser: *New German Cinema: A History*, New Brunswick 1989, S. 101. Mit ihren Talenten unterscheide sich Edda auch von der Hauptfigur in Gelegenheitsarbeit einer Sklavin (1973): »Kluge assigns her to an essentially pre-literate, irrational locus, consigned by her sex and her role within the family to act out, without mediation, illogically, and – consistently – ineffectually. The narrator leads the viewer in laughing at this buffoon and her stupid ways.« B. Ruby Rich: »She Says, He Says: The Power of the Narrator in Modernist Film Politics«, in: *Discourse*, Jg. 6 (1983), S. 31–46, hier: S. 35.

eine Form dieser Leugnung – ein Brief, den die Berliner Post ihr nicht zuzustellen weiß – außerhalb Berlins kritisch bemerkt wird, dass also Edda immerhin von dort aus *gesehen* wird, mag ihr gut tun. In REDUPERS wird sie jetzt gesehen und *gezeigt*. Der gutmütige Briefträger verkündet das Thema dieses *werdenden* Films: »Vielleicht sind wir ja jetzt im Kommen.« Er weiß nicht, dass es hier nicht um ihn geht, sondern um Eddas Bemühungen, sich mit ihren Privaterfahrungen in einen öffentlichen Raum einzuschreiben, der als Radio aus dem Wohnungsinneren auf sich aufmerksam und seine Dominanz geltend zu machen versucht.

***

Der zweite Schritt skizziert vorm Spiegel im heimischen Wohnungsflur ein Mutter-Tochter-Verhältnis mit allen Unfertigkeiten der alltäglichen Erziehungsdynamik: eine Mutter, die auf die Unterstützung ihrer Mitbewohnerin vertrauen kann, wenn sie zur Arbeit muss, die Tochter sich jedoch nicht trennen will. Helke Sander zu einer ähnlichen Situation in Helga Reidemeisters Film VON WEGEN SCHICKSAL (1979): »Wir beobachten [...], daß und wie die Mutter die Widersprüche zwischen sich als eigenständiger Person und als fleischgewordene Funktion von ›Mutterliebe‹ *nicht* bewältigt.«[39]

Festgehalten wird die Szene mit der Handkamera. Sie sieht nur zu, will nicht interpretieren, doch »if we accept that cinema involves the production of signs, the idea of non-intervention is pure mystification. [...] What the camera in fact grasps is the ›natural‹ world of dominant ideology«, solange das Dargestellte in irgendeiner Form inszeniert werde, unweigerlich auf etablierte filmische Signifikanten zurückgreife, um sich verständlich zu machen. Andrea Malkowsky, sie spielt die Tochter Dorothea, entzieht sich dieser Inszenierung, indem sie sich weigert, die Präsenz des Publikums im Wohnungsflur zu leugnen: Ihr wiederholter Blick in die Kamera ist ein Blick mit dem Wissen, dass »the ›truth‹ of our oppression cannot be ›captured‹ on celluloid with the ›innocence‹ of the camera.«[40] Es ist dies ein Blick, der noch jede Fiktion scheitern ließe und auch diese

39 Helke Sander: »›Die Madonna mit der Kreissäge‹: Einige Bemerkungen zum Thema Mütterlichkeit«, in: Gislind Nabakowski, Helke Sander und Peter Gorsen (Hrsg.): *Frauen in der Kunst*, Frankfurt am Main 1980, S. 47–74, hier: S. 55.

40 Claire Johnston: »Women's Cinema as Counter-Cinema« (1973), in: E. Ann Kaplan (Hrsg.): *Feminism and Film*, Oxford 2000, S. 19–33, hier: S. 29. Zu Beginn der Debatten rund um die Möglichkeiten und Limitationen alternativer kinematischer Erzählformen wendet Claire Johnston ein, dass ein Gegen-Kino, anders als der klassische Illusionsfilm, sich seiner Performativität zwar bewusst sein möge. Anstatt »authentisch« zu sein, erzeuge es jedoch nur neue Illusionen. Film werde immer Film sein.

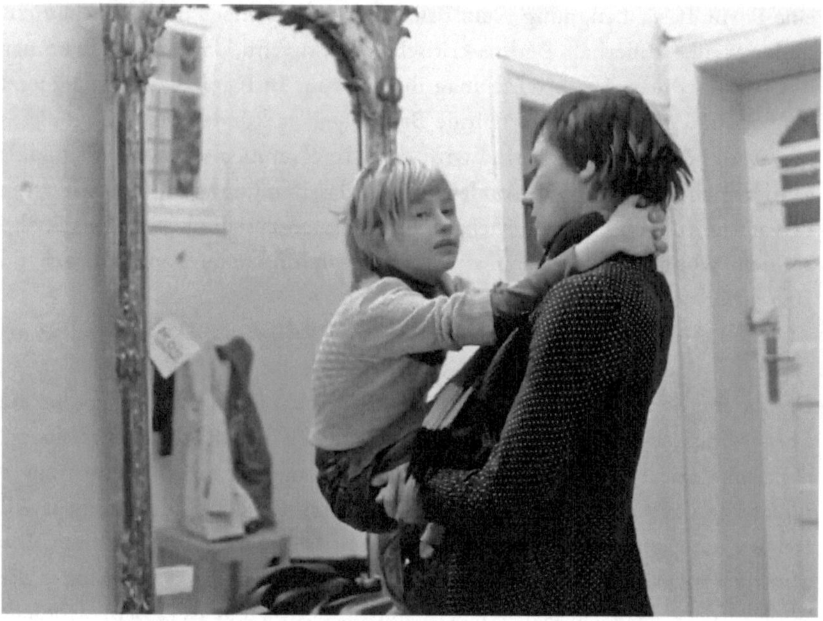

Abb. 2: Schwere Trennung

vermeintlich nicht-intervenierende Inszenierung einer »natürlichen« Welt im Hausflur. Weil auch die Kamera sich dieses Scheiterns bewusst wird, lenkt sie bald ein, betont wie zuvor im VW-Bus die entlarvte Illusion: Leicht schaukelnd macht sie auf sich aufmerksam.

***

Erstmals meldet sich das Voiceover am Spreeufer gegenüber der alten Humboldthafenbrücke. Hergefunden hatte es mit Schwenkaufnahmen, die in Redupers selten eingesetzt werden und nur, um über Berliner Symbolruinen hinwegzublicken: hier über den Platz der Republik, bald über den Bahnverkehr zwischen Ost und West, später über den Grenzstreifen in Prenzlauer Berg.

Zunächst folgt ein solcher Schwenk einem VW-Käfer vom Sowjetischen Ehrenmal über die Scheidemannstraße bis zum Reichstagsgebäude. Die Dringlichkeit der Perspektive diktiert, dass es sich um den Wagen der noch namenlosen Hauptfigur handelt. Am Kronprinzenufer setzt ein zweiter Schwenk an, ein Zug ist vom Bahnhof Friedrichstraße Richtung Westen unterwegs. Dahinter die Charité, vorne die bereits bekannte Figur, zwei weitere Personen. Alle drei halten Fotokameras, alle frieren. Man scheint sich unverbindlich zu kennen, wartet

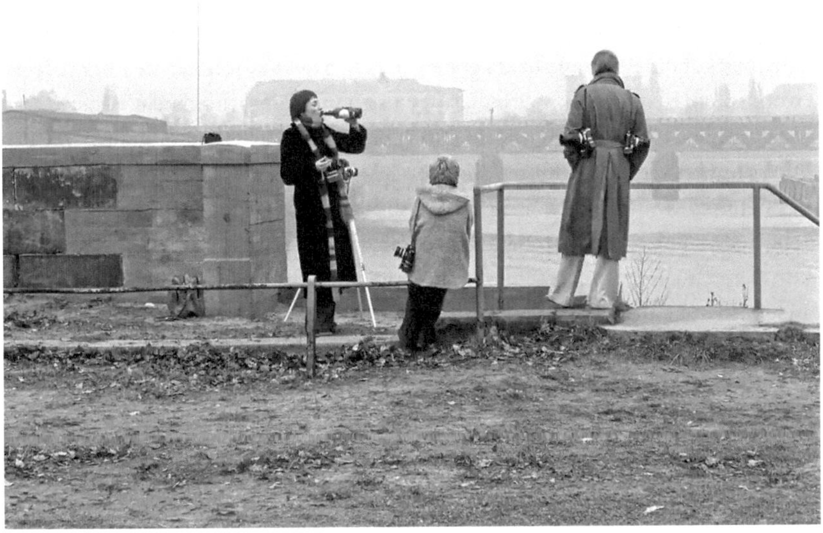

Abb. 3: Ein »der Veröffentlichung wert befundenes Ereignis«

und hofft auf einen Schnappschuss der letzten Dampflokomotive auf der Strecke Berlin / Hamburg, um ihn an die Berliner Presse zu verkaufen: »auf ein der Veröffentlichung wert befundenes Ereignis.«

Für ihren Film, der »den Alltag einer Frau als Summe der sozialen und ökonomischen Zwänge ihrer Zeit« inszeniere, spiegele die empirische Regisseurin ihr filmisches Projekt im Projekt ihrer Figuren. Beide – Edda mit ihren Fotos und Helke Sander mit Redupers – versuchten, »als Frau mit Frauen persönliche Erfahrungen zu vermitteln, also die eigene Realität gegen die offiziellen Realitätsdarstellungen und die damit verbundenen Realitätsdarstellungserwartungen zu behaupten.«[41] Edda unternimmt mehrere solcher widerständigen Akte, so auch in dieser Einstellung. Denn anstatt an diesem zugigen Arbeitsplatz in jenes Konkurrenzverhältnis zu verfallen, das sich ihre Auftraggeber erhoffen müssen, führt sie die kleine Gruppe zu einem Ansatz solidarischer Einheit: Edda bittet eine der anderen Wartenden um einen Schluck aus deren Weinflasche. Auch dem Fotografen rechts wird ein Schluck angeboten, worauf die Besitzerin der Flasche

41 Julia Zutavern: *Politik des Bewegungsfilms*, Marburg 2015, S. 187–188.

ohne Eddas Initiative gar nicht gekommen wäre, sodass am Ende alle drei – zwar ohne größere Herzlichkeit, dafür ganz selbstverständlich – sich mit derselben Flasche aufgewärmt haben.

Eddas Vertrauen auf das Potenzial des Kollektivs mag in diesem schwierigen Jahr 1977 auf die Ahnung zurückgehen, dass sich bei bestimmten demografischen Gruppen ein bestimmtes politisches Bewusstsein, wenn schon nicht voraussetzen, so zumindest erhoffen lassen kann. Noch bevor sie offiziell vorgestellt wird, tritt Edda zum ersten von mehreren Malen als Akteurin eines utopischen Impulses in Erscheinung, wenn sie hier am Ufer ein solidarisches Ideal gegen eine öffentliche Sphäre behauptet, die eine Grundbereitschaft zur (Selbst-)Ausbeutung und Konkurrenz erwartet. Edda bringt die zusammen, die im Spätkapitalismus gegeneinander arbeiten müssen, deshalb zusammengebracht werden können.

Solidarität zahlt jedoch keine Rechnungen, auch das eigene Leben bringt meist nichts ein. Es wird sich noch zeigen, dass Edda, anstatt in der Kälte auf ein ausrangiertes Zugmodell warten zu müssen, lieber nur ihre eigenen Erfahrungen festhielte, wenn sich damit denn ein Lebensunterhalt bestreiten ließe. Helke Sander war dies mit REDUPERS seit Langem erstmals wieder möglich, sie kann tun, was Edda verwehrt bleibt: Unter ihrer Regie ist jede einzelne Entwicklung in Eddas Leben »ein der Veröffentlichung wert befundenes Ereignis.«

Aus der Distanz filmt Helke Sander eine Version ihrer selbst am Spreeufer, bis sich in der nächsten Einstellung das Kinobild ganz mit dem Blick der Fotografin deckt: »für den zuschauer verdoppelt sich die bildebene. […] der zuschauer sieht jetzt, genau wie der fotograf durchs teleobjektiv nach ›drüben‹, filmkameraobjektiv und kameraobjektiv werden identisch«.[42] Das Voiceover präzisiert, dass es sich bei der Hauptfigur nicht um ein*en* »fotograf*en*« handelt – sondern um »Edda Chiemnyjewski«, deren Name jetzt erstmals genannt wird. Auch wenn Helke Sander auf eine ausdrücklich subjektive Kamera weitestgehend verzichtet, werden ihre »Ereignisse« von nun an durch Edda vermittelt betrachtet. Im essenzialistischen Duktus feministischer Filmtheorie der 1970er-Jahre ließe sich zuspitzen, dass der Kinoblick nicht länger hegemonial als »bestimmende[r] männliche[r] Blick« ausgerichtet ist, der »seine Phantasie auf die weibliche Gestalt [projiziert], die dementsprechend geformt wird.«[43] Stattdessen ist der Blick in REDUPERS jetzt der einer alleinerziehenden, freiberuflichen Fotografin, die nicht

42 berg-ganschow: »wirklichkeit mit widerhaken «, S. 42. Vgl. Helke Sander in AUFRÄUMEN: »Ich benutze mich als Material.«

43 Vgl. Laura Mulvey: »Visuelle Lust und narratives Kino«, in: Liliane Weissberg (Hrsg.): *Weiblichkeit als Maskerade*, Frankfurt am Main 1994, S. 48–65, hier: S. 55.

mehr nur begafft wird, sondern selbst und nach ihren eigenen Regeln zu sehen lernt – ohne existierende Machtstrukturen dabei zu reproduzieren.

★★★

Die einzige subjektive Kamerafahrt des Films schließt sich an. Es geht Richtung Kottbusser Tor, das Autoradio wird bei Nennung des Oppositionsführers abgestellt, der im Bundestag die Reduktion essenzieller Subventionen für das darbende Berlin fordert. Wie sehr dieses Geld gebraucht wird, wie viel es in Berlin zu tun gibt, verdeutlicht die Umgebung: Rechts, auf der Südseite der Skalitzer Straße, entstehen neue Wohnblöcke anstelle Hunderter abgerissener Altbauten. Links wird an Kanalisation und Infrastruktur gearbeitet. Berlin ist in REDUPERS eine Stadt im Umbruch, unvollendetes Werk und metaphorische Folie für Eddas werdendes Leben, das sich im Auto seinen Weg von einem veröffentlichungswürdigen Ereignis zum nächsten bahnt.

Auf einer Tagung in der Kongresshalle bilanziert das Voiceover sachlich: »Auftrag – zwei Fotos à 45 Mark«. Sachlich windet Edda sich durch vertraute Formalitäten, eilt an Männern aus der erweiterten Flakhelfergeneration rund um Richard von Weizsäcker vorüber, und sachlich ignoriert sie die ihr folgenden Blicke. Sie ist hier, um festzuhalten, was sie sieht, und kann sich nur das zu sehen erlauben, was sie sehen muss, um bezahlt zu werden.

Der Fotoapparat als Waffe, als Machtträger. Nach solchen Tropen muss man in der kanonischen Literatur zur Fotografie nicht lange suchen.[44] Mit ihnen ausgerüstet, lässt es sich kaum vermeiden, Edda am Fuße einer Treppe nicht so zu sehen, als habe sie sich kampfbereit hinter ihrer gezückten Kamera verschanzt, um sich zu verteidigen. Um sie herum ist man hinauf und hinab nach Belieben unterwegs. So viel Bewegungsfreiheit ermöglicht Edda nicht einmal ihre fotografische Bewaffnung und weder der Auftrag noch die Fähigkeit, wirklich hinzusehen.

Das Voiceover wird erklären, warum das so ist. Zunächst fotografiert Edda, konzentriert. Sie stellt das Feuer ein, sieht hin. Wen sie fotografiert hat und dann beobachtet, das bleibt im Off – selbst als Sehende wird sie im Kino vor allem gesehen, und selbst wenn sie festhält, ist sie im Kino Festgehaltene: Das Voiceover beginnt, Eddas monatliche Finanzplanung auf Edda zu projizieren. Miete, Versicherung, Steuern – Edda ist hier eins mit dem, was sie verdienen muss. Routine, Abgeklärtheit sowie die Schusskraft ihrer Kamera verleihen ihr auch in Arbeitsumfeldern Handlungskompetenz, in denen sie Fremdkörper ist. Sie selbst bleibt auf numerische Eckdaten beschränkt: Telefon, Rentenbeiträge, Nebenkos-

44 Vgl. Susan Sontag: *Über Fotografie*, München 1989, S. 10 und 19.

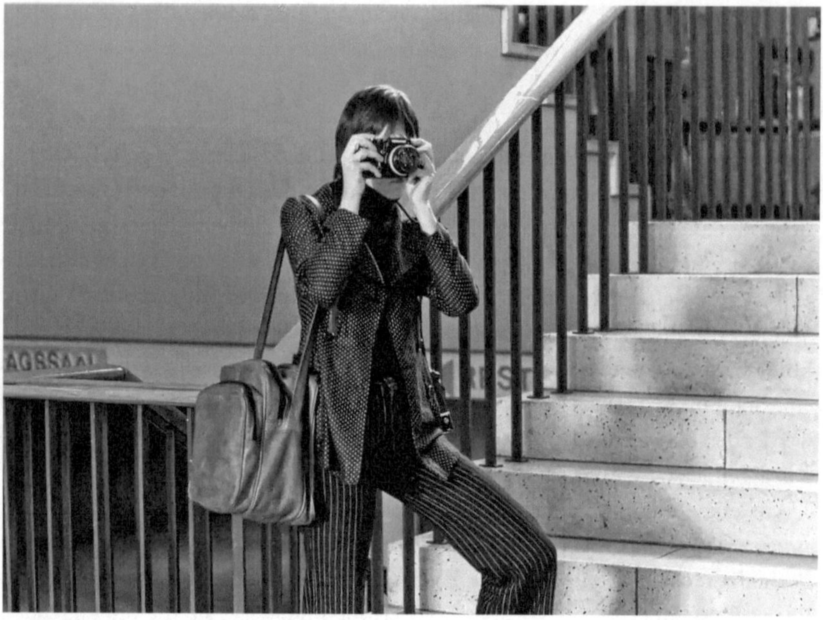

Abb. 4: Die Kamera als Waffe

ten. Die Kamera mag ihr voyeuristische Macht verleihen. Doch Eddas Geschichte wird mit Soll- und Haben-Rechnungen erzählt.

Nach der Szene am Flussufer stemmt sich Edda bei ihrem nächsten Auftrag bereits zum zweiten Mal gegen die erzwungene Identifikation mit dem, was zum Überleben nötig ist: Auf der Wilhelmstraße geht es über Mehringbrücke und Landwehrkanal zu einem Seniorenkongress in der Deutschlandhalle. Unterwegs zitiert das Voiceover die Soziologin Elisabeth Lenk wie als inneren Monolog: »Immerhin sollte man das, was einen nichts angeht, frei wählen können«[45] – anstatt unter den herrschenden Produktionsbedingungen sich ausschließlich mit dem beschäftigen zu müssen, was einträglich ist oder das eigene Leben betrifft. Auch auf dem Seniorenkongress ist Edda fremd, auch das Leben der anwesenden Rentnerinnen geht sie nicht mehr an, als zur Erledigung ihrer Arbeit nötig ist. Dennoch tanzt sie und tratscht, hört zu und interessiert sich, verbündet sich und

45 Elisabeth Lenk: »Lose Gedanken über das Verhältnis von Phantasie und Gesellschaft«, in: Arbeitsgruppe Frauen in der Kunst (Hrsg.): *Künstlerinnen international 1877–1977*, Berlin 1977, S. 81–85, hier: S. 84.

wirkt gelöst.[46] Das Voiceover missbilligt: »Sie hat Schwierigkeiten, sich auf das Geldverdienen zu beschränken«. Dieses eine Mal nennt es Edda beim Nachnamen, ermahnt diese »Frau Chiemnyjewski« zur Disziplin. Ähnlich ihrer Tochter zuvor begegnet Edda solchen Rügen mit einem Blick in die Kamera, der den Film als Film entlarvt und auktoriale Weisheiten als autoritäre Künstelei, deren Anspruch auf interventionsfreie Natürlichkeit sie sich verweigert. Edda muss ja wollen, dass ihr Leben als echtes Leben dokumentiert wird und nicht gespielt.[47]

Schließlich kreist sie auf der Bühne doch noch mit Kamera und Effizienz um Bürgermeister Klaus Schütz herum, der in seiner Rede jene familiäre Geschlossenheit der Westhälfte Berlins beschwört, von der in der Szene zuvor in der Kongresshalle geträumt wurde. Beide Szenen gerinnen jetzt zu jeweils drei Standfotos, auf denen nicht etwa das zu sehen ist, was das Publikum Edda sehen gesehen hat. Sondern das, was Edda gesehen hat, als die Filmkamera nicht hingesehen hatte. Drei Aufnahmen eines schweigenden Redners am Podium in der Kongresshalle, auf der Bühne isolierte Gremienmitglieder. Drei Abbildungen tanzender Rentnerinnen in der Deutschlandhalle: »This juxtaposition of images suggests the possibility of the everyday mode of narration embodied in chitchat to ironize the official spectacle of taking care of the elderly – in other words, narrative problematizes spectacle.«[48] Zwar hat sich Edda mit dieser Erzählung noch kein richtiges Leben im falschen geschaffen. Dafür erneut einen widerständigen Moment der bewussten Ineffizienz, der befreienden Gemeinschaft und Kollaboration, des Gesprächs. Deshalb ist es auch nicht ganz korrekt, dass der Film konsequent ein Ungleichgewicht aufzeige, »consisting of the constant inability to tally an emotional and artistic accrual against a photojournalistic ledger sheet«,[49] der Eddas Leben definiere, obwohl Edda doch so viel mehr wolle, als nur das dokumentieren, was sie nichts angeht. Immer wieder nämlich findet sie Mittel und Wege, sei es auch nur kurz, in diesem Hauptbuch keinen Verlust verzeichnen zu müssen.

46 Vgl. zu dieser Szene im Detail Barbara Mennel: *Shifting Margins and Contested Centers: Changing Cinematic Visions of (West) Berlin*, in: Carol Anne Costabile-Heming (Hrsg.): *Berlin: The Symphony Continues. Orchestrating Architectural, Social, and Artistic Change in Germany's New Capital*, Berlin 2004, S. 41–58, hier: S. 43.

47 Es mag dies das einzige Mal sein, dass das Voiceover jenes »cinema of correspondence« verlässt, das REDUPERS – im Gegensatz zu Alexander Kluges Filmen – exemplifiziere: »In Sander's films, the other characters do not just share in the narrative authority; rather, the authoritarianism of narration is avoided in favor of a relationship that sounds at times more like conversation than like any hierarchical ordering or narrative truth.« Rich: »She Says, He Says«, S. 40.

48 Mayne: *The Woman at the Keyhole*, S. 51.

49 Rich: »She Says, He Says«, S. 37.

3. Samstagnachmittag

3.1 Every Building on Danckelmannstraße

In den 1960er-Jahren fotografiert der Pop-Künstler Ed Ruscha die Straßen von Los Angeles: vom Lastwagen aus jedes Gebäude, jedes Ladenlokal, jede Baulücke und Querstraße, alle Passant:innen, Palmen und Stromleitungen, alle streunenden Hunde, Müllautos, Parkuhren und Hydranten. 1966 zum Beispiel verzeichnet Ruscha mit seiner motorisierten Fotokamera beide Seiten des Sunset Strip in Hollywood und klebt Offsetdrucke der Fotos zu einem acht Meter langen Akkordeon-Buch aneinander.[50] Später beteuert er, dass diese Aufnahmen »neutral« seien und keineswegs werten wollten oder gar politisieren. Tatsächlich: Die spröde Linearität der Strecke lässt den Blick nach Belieben weiterziehen oder wegsehen. Nie *muss* er verweilen, er verweilt allenfalls dann, wenn er zwischen den Kadern über einen der subtilen Schnitte stolpert. Mit jedem solchen Stolpern wird der Blick langsamer, bis sich »hints of irony« in den Einzelbildern aufdrängen »or even disapproval in [Ruschas] depiction of his subjects: the shabby L. A. apartments, the seedy strip, the dubious real estate opportunities.«[51] Unterwegs durch diese falsche Kontinuität *kann* der Blick an städtebaulichen Fragmenten hängenbleiben. Anders die artverwandte, aber fugenlose Kamerafahrt. Sie ist immer schon weitergeeilt.

»Samstagnachmittag. Edda auf dem Weg zu ihrer Fotogruppe.« Alle fünf Kamerafahrten in Redupers – zum Moritzplatz zu Beginn, dann über den Landwehrkanal, jetzt auf der Danckelmannstraße, bald auf dem Kottbusser Damm und am Potsdamer Platz entlang – sind retardierende, nicht-diegetische Einschübe, die die tatsächlich vergehende Zeit auf wenige Momente komprimieren. Als subjektive Parenthesen sind alle Fahrten ein »Bild, das etwas darstellt, was vom Handelnden nicht als anwesend empfunden wird, sondern als abwesend, z. B. Erinnerungen, Träume, Befürchtungen, Vorahnungen etc.«[52] Alle sind Visualisierungen also eines inneren Zustands, der sich in den Westberliner Straßenzügen spiegelt. Teile der Stadt – diversere, weniger wohlhabende, deshalb für weniger erhaltenswert erachtete Kieze in Charlottenburg, Kreuzberg, Wedding und Schöneberg – waren nach dem Zweiten Weltkrieg vor sich hin verfallen, bis sie großflächig abgerissen werden sollten, teilweise abgerissen wurden oder dem

50 Vgl. Ed Ruscha: *Every Building on the Sunset Strip*, Los Angeles 1966.
51 Alexandra Schwartz: *Ed Ruscha's Los Angeles*, Cambridge 2010, S. 157.
52 Christian Metz: *Semiologie des Films*, München 1972, S. 172.

Verfall preisgegeben. Die 1970er-Jahre verbrachten diese Viertel im Limbo zwischen Ruinenlandschaft und einer lebenswerten Zukunft, in die es keinen eindeutigen Weg zu geben schien. Zwar scheint die schweifende Kamera an dieser Landschaft nicht ausreichend interessiert zu sein, um dem Blick ein Innehalten zu erlauben oder die Rückkehr zu Details. Sie wertet dennoch, und zwar den Zustand Berlins als diskontinuierliche Masse im Umbruch, wenn sie auf der Danckelmannstraße dieselbe Strecke zurücklegt, auf der sich Edda und ihre Fotogruppe durch den Film befinden: unterwegs von einer Zwickmühle hin zu einer Lösung, von einer Erfahrung hin zu einer Erkenntnis, über die Erkenntnis hinaus zu neuer Handlungsfähigkeit.[53] Diese Fahrt beginnt nämlich mit einer Szenerie, die dem lebenswerten Ideal nahekommt, von dem die Fotografinnen befürchten werden, dass es der Senat von den Fotos »ihrer Stadt« erwartet: nicht unansehnliche Gründerzeitbauten, Altberliner Kneipen, Fahrradläden, Lebensmittelgeschäfte. Türkische Musik irgendwo, die Stadtbibliothek. Die Kamera zieht weiter, um unterwegs einen differenzierteren Blick auf den Kiez zu werfen.

Schon bald: gesprühte Politparolen und zugemauerte Fenster. Die oberflächliche Harmonie des Viertels versiegt, als das zunächst nüchterne Voiceover jetzt frustriert vom Fotowettbewerb berichtet: Um auf ihre bloße Existenz in der Stadtregierung zu verweisen, drängten die Frauen in SPD und FDP darauf, dass der von der Gruppe um Edda eingereichte Projektvorschlag als Sieger des Wettbewerbs *Künstler sehen ihre Stadt* ausgewählt wird. Weil die Gruppe für ihre Arbeit weniger als andere Bewerber:innen veranschlagt hatte, gaben die Männer in der Koalition nach, konnten somit ihre Fortschrittlichkeit demonstrieren. Korrespondierend mit solch hässlichem Kalkül ist das erste leerstehende Ladenlokal zu sehen. Das Voiceover, das in Redupers nie lamentiert oder trauert, allenfalls sarkastisch darüber ätzt, dass den Absurditäten institutioneller Geschlechterpolitik einfach nicht zu entkommen ist, verfällt an der Christstraße in Schweigen, als müsse es solch lustlosen Opportunismus wirken lassen: Derart ist es um die Berliner Kulturpolitik bestellt. Prompt verschlechtert sich der Zustand der Danckelmannstraße: kriegsbedingte Baulücken. Waren zuvor kaum Fensterfluchten zugemauert gewesen, hatte nur ein einziges Ladenlokal leer gestanden, sind für den Rest der Fahrt alle Geschäfte und Erdgeschosswohnungen aufgelassen und/oder verbarrikadiert.

Was als ideales Altberliner Idyll begonnen hatte, wird zu einem jener Orte, an denen in den 1970er-Jahren die Berliner Schlacht um den Erhalt gewachsener

53 Vgl. Timothy Corrigan: *New German Film*, Bloomington 1994, S. 118: »Berlin becomes [...] the counterpart to an arena for the crisis of a female personality and its struggle to insert a subjectivity into a resistant public space.«

Stadtstrukturen gefochten wurde. 1963 war die Gegend rund um Danckelmann- und Christstraße als »Sanierungsgebiet Charlottenburg-Klausenerplatz« ausgewiesen worden. Architekt Hardt-Waltherr Hämer, der mit der Umgestaltung des Viertels beauftragt worden war und dessen »behutsame Stadterneuerung« später dazu beitragen sollte, dass der Konflikt verträglicher gelöst werden konnte, als zunächst abgesehen, berichtet: »Über zwei Jahrzehnte hinweg wurden ganze Blöcke und Straßenzüge ›entmietet‹, gesprengt und abgeräumt. [...] Wer diesem Prozeß ausgesetzt war, erlebte Sanierung (Heilung) als Zerstörung der Stadt. [...] Die Häuser waren im staatlichen Auftrag von Wohnungsbaugesellschaften [...] aufgekauft und dann auf Abriß bewirtschaftet worden; d. h., es wurde möglichst wenig repariert. Die Instandhaltung unterblieb fast ganz. Lange vor dem Abriß wurde dann ›entmietet‹. So standen in West-Berlin tausende Wohnungen leer, während 80.000 Haushalte mit Wohnberechtigungsschein dringend eine Wohnung suchten.«[54]

Auch in Unter dem Pflaster ist der Strand hatten forcierter Leerstand, spekulativer Verfall und flächendeckender Abriss als Kulisse gedient. Helma Sanders-Brahms jedoch »inszeniert die äußere Destruktion als Spiegel einer scheiternden Paarbeziehung. Redupers stellt dagegen die sozialen Bedingungen des Glücks und seines Scheiterns in den Mittelpunkt.«[55] Der Film erkundet ein Stadtbild, das die Zerrissenheit des hinsehenden Individuums sowohl spiegelt als auch hervorgebracht hat, und zeichnet ein politisches Werden nach, das auf die Stadt reagiert, von der es bedingt wird. So gründet sich hier am Nordende des Klausenerplatz-Kiezes 1973 die erste Berliner Mieter:inneninitiative, um die »sogenannten vier A« – die »Armen, Alten, Arbeitslosen und ›Ausländer_innen‹ – in den innerstädtischen Nachbarschaften«[56] zu beschützen und auf Sanierung ohne Verdrängung hinzuarbeiten. Diesem Bündnis sei es zuzurechnen, dass die Träger der Kahlschlagsanierungsvorhaben – Senat, Bezirksämter und die Baugesellschaft Neue Heimat – letztlich zurückhaltender vorgingen als geplant.[57] Von *einer* Berliner Realität, die den Fotografinnen Kopfzerbrechen bereiten wird,

54 Hardt-Waltherr Hämer: »Behutsame Stadterneuerung«, in: Senatsverwaltung für Bau- und Wohnungswesen (Hrsg.): *Stadterneuerung Berlin: Erfahrungen, Beispiele, Perspektiven*, Berlin 1990, S. 54–72, hier: S. 58–61. Vgl. zu Ausgangslage und Lösungsversuchen auch Hardt-Waltherr Hämer und Jürgen Rosemann: »Stadterneuerung ohne Verdrängung – ein Versuch«, in: *ARCH+*, Jg. 9 (1976), H. 29, S. 2–13.

55 Lenssen: »Die allseits reduzierte Persönlichkeit – Redupers«, S. 236.

56 Lisa Vollmer: »Mieter_innenproteste von den 1960er bis in die 1980er Jahre in der BRD«, in: *sub\urban: Zeitschrift für kritische Stadtforschung*, Jg. 6 (2018), H. 2/3, S. 137–148, hier: S. 140.

57 Vgl. Harald Bodenschatz: *Platz frei für das neue Berlin: Geschichte der Stadterneuerung in der »größten Mietskasernenstadt der Welt« seit 1871*, West-Berlin 1987, S. 171–184.

geht es also bis ans andere Ende der Danckelmannstraße, wo kollektiv gehandelt und der Vernichtung *anderer* Realitäten Widerstand geleistet wird: Es ist dies eine Reise von einer Erfahrung über eine Erkenntnis bis hin zum Handeln.

3.2 Die Aussprache

In den späten 1960er-Jahren waren »die Frauen im SDS mit chauvinistischen Verhaltensweisen ihrer Genossen konfrontiert, die sich doch gerade auf ihre Fahnen geschrieben hatten, gegen jegliche Form von Repression vorzugehen. So ignorierten die linken Männer alltägliche Gewalt gegen Frauen, die auch in ihren ›alternativen‹ Kreisen vorkam (z. B. Schlagen, Vergewaltigung), und überließen die Verhütungslast und/oder Kindererziehung weitgehend den Frauen. Konflikte darüber wurden ›als unpolitische Privatsache‹ der ›großen‹ Politik untergeordnet. In Gruppendiskussionen verhielten sich die Genossen männlich-dominant, so daß Frauen auf die politischen Entscheidungsprozesse innerhalb der Linken wenig Einfluß nehmen konnten.«[58] Anders verläuft wenige Jahre später, 1975 zu Beginn von Unter dem Pflaster ist der Strand, eine Diskussion über die Rolle verbündeter Männer im feministischen Kampf. Eine Frau führt das Gespräch hier im Kino Arsenal, gedacht wird gemeinsam. Die Kamera lotet im Kinosaal ein Kollektiv aus, isoliert allenfalls die abwesend wirkende Hauptfigur und nicht einmal dann einzelne Red*ner*, wenn sie sich unglücklich ausdrücken. »Die 1970er-Jahre, die für die in der Studentenbewegung Aktiven bereits als Jahrzehnt der Desillusionierung erschienen, sind für die Frauenbewegungen Jahre des Aufbruchs.«[59] So läuft im Arsenal die Debatte auf die Erkenntnis hinaus, »dass Frauen ihre Belange selbst in die Hand nehmen müssen.«[60] Man einigt sich, dass eine feministische Politik auf den Erfahrungen von Frauen beruhen müsse und die Genoss*en* auf die Schlüsse, die aus diesen Erfahrungen zu ziehen seien, keinen Einfluss haben sollen. Schon bald jedoch verjüngt sich im Film der Diskurs einer Bewegung zum Zwiegespräch im »Kampf gegen die Einsamkeit«. Die Frage, wie eine Politik des Privaten zu denken sei, wenn sich mit Mitte 30 auch trotz aller politischen Aufbruchsstimmung die Bedürfnisse zu verändern

58 Hilge Landweer: »Politik der Subjektivität – Praxis ohne Theorie?«, in: Ruth Großmaß und Christiane Schmerl (Hrsg.): *Philosophische Beiträge zur Frauenforschung*, Bochum 1981, S. 13–34, hier: S. 14.

59 Gisela Notz: »Die autonomen Frauenbewegungen der Siebzigerjahre«, in: *Archiv für Sozialgeschichte*, Jg. 44 (2004), S. 123–148, hier: S. 130.

60 Ebd., S. 126.

beginnen, wird von da an nur mehr zwischen Grischa und Heinrich verhandelt, als »Revolution zu zweit«.

Dass ein solches Privatgespräch ein Luxus bestimmter Demografien in manchen westlichen Gesellschaften ist, zeigt Sarah Polleys Film Women Talking (2022). Acht Frauen und Mädchen debattieren einen Sommertag lang die Frage, wie den körperlichen und emotionalen Misshandlungen zu begegnen sei, dem sie alle in ihrem isolierten ländlichen Dorf tagtäglich ausgesetzt sind. Die Männer weilen heute in der nächstgelegenen Stadt, in ihrer Abwesenheit können die Frauen miteinander sprechen. Im Heuschober bringen sie verschiedene Lösungsvorschläge vor, immer wieder ruht die elliptische Erzählung auf den Motivationen mal dieser, mal jener der Frauen für dieses oder jenes Argument oder für einen Sinneswandel. Es wird geweint, gestritten, geschrien, auch zugestimmt, es wird gelacht. Das Licht im Film levitiert in diesem ländlichen Idyll zwischen Schwarz-Weiß und Farbe, denn solange nichts entschieden ist, hat das Kinobild keinen Zugang zu den Details einer bezugsfähigen Realität. Letztlich findet die Gruppe zu einem Konsens, und zwar durch ihr Urvertrauen auf eine Bibel-Passage, die an eine unverrückbare Moral appelliert: »Was immer wahrhaft, edel, recht, was lauter, liebenswert, ansprechend ist, was Tugend heißt und lobenswert ist, darauf seid bedacht!«[61] Was vage klingt und arg allgemein, können die Frauen heute, da sie endlich einmal allein sind, mit ihrem Inhalt füllen: Es ist das Gegenteil ihrer Erfahrungen unter männlicher Gewaltherrschaft. Allein auf diese Definition wollen sie sich von nun an verlassen: »Befreiung verläuft immer über die Selbstbestätigung, die Affirmation der eigenen Bedingungen.«[62] Allein die Frauen im Dorf, weil nur sie ihre Situation verstehen, werden entscheiden, wie es weitergeht. Niemand sonst ist betroffen. Niemand sonst weiß, was zu tun ist, niemand hat mitzureden, ohne sich mit ihnen abzusprechen.

Helke Sander war zunächst noch anders vorgegangen, einigen ihrer ersten Figuren hatte sie Hilfe zur Selbsthilfe geleistet. In ihrem DFFB-Abschlussfilm Kinder sind keine Rinder (1969) zum Beispiel lernen Kinder, wie sie ihre Gleichaltrigen der Stadt agitieren können, um für das zu kämpfen, was sie benötigen, um in Berlin glücklich zu leben.[63] Ähnlich hatte Cristina Perincioli das Drehbuch für ihren Abschlussfilm Für Frauen, 1. Kapitel (1971) gemeinsam mit Laiendarstellerinnen entwickelt, die ihre Erfahrungen als Einzelhandelsangestellte besser umzusetzen wussten, als die Regisseurin es je gekonnt hätte:

61 »Brief des Paulus an die Philipper«, 4:8.

62 Usai, Ravera: »Politik der Subjektivität«, S. 25.

63 Zu Helke Sanders Erfahrungen mit verschiedensten Diskussionsgruppen vgl. Fischetti: *Das neue Kino*, S. 45–47.

»Unsere Erkenntnis dabei war: Wir brauchen keine liberalen Filmer, die sich der Emanzipation annehmen. Wir fordern die Mittel in unserer Hand!«[64] Solche Filme hätten »more to do with procedures, structures, and modeling processes than with individuality. [...] The mode of the collaboration [...] must always be negotiated«.[65] Das gelte ähnlich für einige Berliner Arbeiterfilme der Zeit. Sowohl LIEBE MUTTER, MIR GEHT ES GUT (Christian Ziewer, 1972) als auch DIE WOLLANDS (Ingo Kratisch und Marianne Lüdcke, 1973) folgen Angestellten der eisenverarbeitenden Industrie, die in zähen Diskussionen ein gemeinsames Bewusstsein zu schaffen versuchen für die miserablen Arbeitsbedingungen, die unwürdige Bezahlung, auch für die Willkür, mit der die Chefetagen und Betriebsräte Entscheidungen treffen, die alle angehen.[66]

Die Fotografinnen, zu denen sich Edda an diesem Samstag auf den Weg macht, treffen sich, um zu diskutieren, wie die Auswahlkommission auf die Aufnahmen reagieren könnte. Einige der Frauen sind unentschlossener als andere, ob sie zu ihrer Kritik stehen sollen und wie damit umzugehen sei, dass jede Form der Kritik von den Institutionen durchgewunken werden muss, auf die sie abzielt. Am Ende wird sich die Gruppe »in Ratlosigkeit diskutiert« haben, die sich die Frauen in WOMEN TALKING nicht erlauben können. Sie müssen fliehen, die Frauen in REDUPERS können verhandeln: Bald werden sie bei Repräsentant:innen der Berliner Institutionen um Rat ansuchen, wie sie mit ihren Fotos verfahren sollen, ohne Geld, Karriere, Ideale und Ruf zu riskieren.[67] Für dieses Ende, das keine großen Umsturzvisionen entwickelt, wurde REDUPERS zeitgenössisch kritisiert. Manche wünschte sich eine »nicht reduzierte allseitige« Persönlichkeit mit »innere[r] Sprengkraft«, die »keiner kaputtmachen kann«.[68] Andere »konnten ihre feministischen ideale im film nicht wiederfinden, sie ver-

64 Deutsche Film- und Fernsehakademie (DFFB): »Cristina Perincioli. Für Frauen. 1. Kapitel (1971). Filminformationsblatt Nr. 41. Berlin Juli 1971«, in: https://dffb-archiv.de/dffb/fuer-frauen-1-kapitel [zuletzt aufgerufen am 6.3.2024].

65 Fabian Tietke: »A Laboratory for Political Film: The Formative Years of the German Film and Television Academy and Participatory Filmmaking from Workerism to Feminism«, in: Christina Gerhardt und Marco Abel (Hrsg.): *Celluloid Revolt: German Screen Cultures and the Long 1968*, Rochester 2019, S. 105–121, hier: S. 117.

66 Vgl. Thomas Elsaesser: »West Germany's ›Workers' Films‹«, in: Gerhardt / Abel: *Celluloid Revolt*, S. 122–133, hier: S. 124.

67 Vgl. zu Debatten des Neuen Deutschen Films um öffentliche Fördermittel Elsaesser: *New German Cinema*, S. 22–27.

68 Alexandra Kluge: »DIE ALLSEITIG REDUZIERTE PERSÖNLICHKEIT – REDUPERS ...«, in: *Filmfaust*, Jg. 3 (1978), H. 7, S. 36–37, hier: S. 37. Für eine Skizze der zeitgenössischen Reaktionen auf REDUPERS vgl. Guntram Vogt: *Die Stadt im Film: Deutsche Spielfilme 1900–2000*, Marburg 2001, S. 601–602.

mißten die starke, hoffnungsfrohe, vorbildliche frau, den frauenfilm als fantasievorgabe auf bessere zeiten«.[69]

Andererseits wird REDUPERS oft auch als Modell hervorgehoben, gerade aufgrund dieses Gesprächs unter Frauen über die Grenzen der Freiheit, ihr Wissen und ihre Erfahrung zu kommunizieren. So diene die Gruppe als Metapher sowohl für das Projekt einer feministischen Filmkultur Westdeutschlands als auch für das Herausgeberinnenkollektiv der Zeitschrift *frauen und film*.[70] REDUPERS entwickele eine Vision kollektiver Arbeit, die idyllisch und lyrisch sei, und gezeigt werde ein Verbund, dessen künstlerische und politische Arbeit sich nicht ausschließlich durch Wettbewerb und Ausbeutung definiere.[71] Die Bedeutung der gemeinsamen Perspektive werde im Film kollektiviert, wodurch ihr eine Dimension des politischen Kampfes zugestanden werde.[72]

Das Gespräch der Fotografinnen verläuft jedoch weder harmonisch, noch lässt es sich idealisieren. Es gibt Spannungen, Zweifel, Missverständnisse. Lange wird aneinander vorbeigeredet, es wird abgewunken, einander unterbrochen. Mit dem geduldigen und geregelten Rhythmus bewusstseinsverändernder Frauengesprächsgruppen der frühen 1970er-Jahre hat dieses Gespräch über die fotografische Katalogisierung gemeinsamer Lebenserfahrungen nur wenig gemein. Vielmehr zeigt sich in ihm das schmerzhafte Werden politischen Handelns, das, erstens, »Gemeinsamkeiten [erkundet], die nicht auf persönliche Unzulänglichkeiten, sondern auf die patriarchalische Ordnung unserer Gesellschaft zurückzuführen sind«;[73] zweitens gesellschaftliche Zusammenhänge begreiflich macht, drittens Wissen produziert und, viertens, Widerstand organisiert. Zwar mag sich aufgrund der wiederholten Kamerafahrten das Prozessuale dieser Politik, das Werden ihrer Handelnden als lineare Entwicklung darstellen. Tatsächlich sind unterwegs viele Rückschläge einzustecken. Die Frauen werden einander widersprechen, sie werden oft nicht weiterwissen – im Gespräch in ihrem disparaten Atelierraum verlieren sie einander wiederholt. Fotografin 1 (Gislind Nabakowski) genügt es, ihre Wahrnehmung künstlerisch zu verarbeiten, während Edda mehr will und handeln. Die anderen beiden sind hin- und hergerissen zwischen

69 berg-ganschow: »wirklichkeit mit widerhaken«, S. 40.

70 Vgl. Mary Hennessy: »Photography, Subjectivity, and the Politics of the Image from Helke Sander to Angela Schanelec«, in: *Camera Obscura*, Jg. 33 (2018), H. 3, S. 49–73, hier: S. 50 und 55.

71 Vgl. Katzman: »REDUPERS«, S. 61.

72 Vgl. Rich: »She Says, He Says«, S. 42.

73 Angelika Wagner: »Bewußtseinsveränderung durch Emanzipations-Gesprächsgruppen«, in: Hans Dieter Schmidt und Christiane Schmerl (Hrsg.): *Frauenfeindlichkeit: Sozialpsychologische Aspekte der Misogynie*, München 1973, S. 143–159, hier: S. 145.

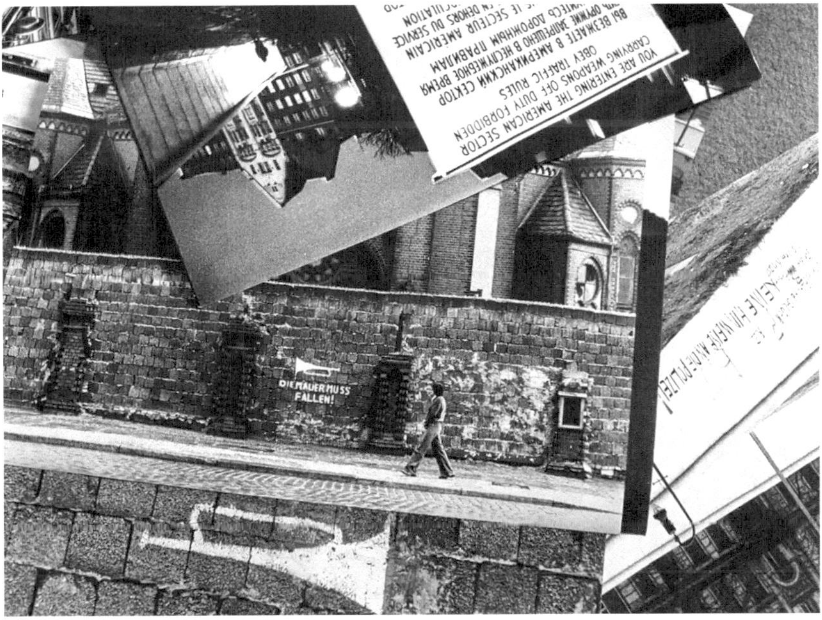

Abb. 5: Fotostapel-Kurzfilm als »modernes Kino«

diesen beiden Positionen, die in etwa zwei konkreten feministischen Diskursen der 1970er-Jahre darüber entsprechen, wie mit individuellen Erfahrungen umzugehen sei. Hier also, wo das narrative Kino ein identifikatorisches Verständnis vermitteln würde und ein Gefühl für ein Atelier, das sowohl das Publikum als auch die Gruppe beherbergen muss, verliert das Kino die Kontrolle über das Gespräch oder gibt sie auf. Es ist hier ähnlich orientierungslos, wie die Gruppe gespalten ist.

Zunächst eine Nahaufnahme einiger Fotos. In REDUPERS werden Arbeiten der Frankfurter Fotografin Abisag Tüllmann (die in Eddas Heimlabor eine Kollegin spielt) für die der Frauen verwendet. Ihre Fotos deutscher Großstädte isolieren Zerfaserung und Verfallsstadien.[74] Wenn sie hier – eins nach dem anderen – übereinandergelegt werden, werden sie zugleich zu einem Kurzfilm zusammengeschnitten: Auf dem Fotostapel als Filmstreifen ist der Schnitt zwischen je zwei Einzelbildern dringlicher noch als in Jean-Luc Godards ICI ET AILLEURS (1976)

74 Vgl. Abisag Tüllmann: *Großstadt*, Frankfurt am Main 1963. Vgl. auch Martha Caspers (Hrsg.): *Abisag Tüllmann, 1935–1996: Bildreportagen und Theaterfotografie*, Ostfildern 2011, S. 36, 37, 39, 52 und 53.

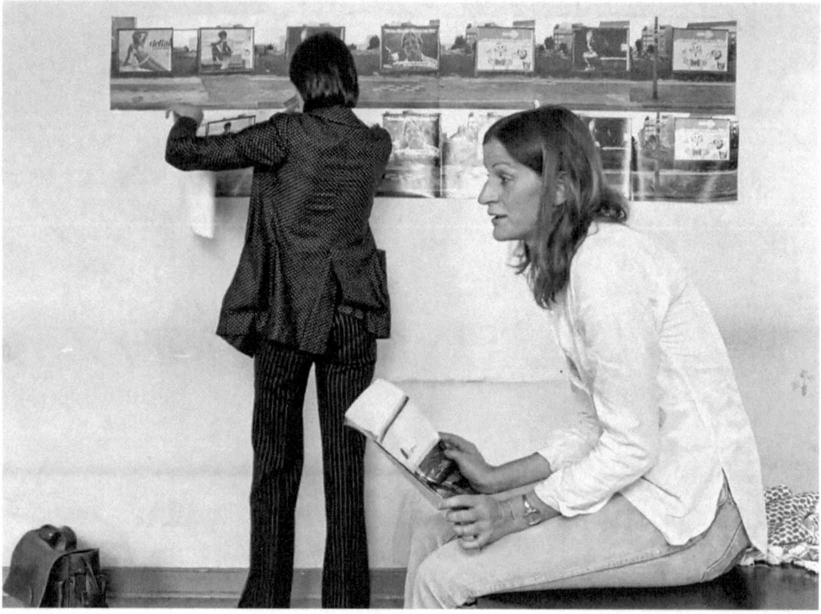

Abb. 6: Arbeit an der Fotowand

»zum Zwischenraum geworden, *er ist irrational*«, sodass Kontinuität unmöglich ist, jeder Anschluss »falsch«. Der Blick entscheidet nicht selbst, wann und ob er weiterzieht, jeder Kader *muss* betrachtet werden. Als »modernes Kino«[75] bricht sich dieser »stotternde« Fotostapel mit dem insinuierten Fluss in Ruschas Panoramabüchern. Sowieso mit der natürlichen Kontinuität einer Kamerafahrt. Vermerkt wird im Off, dass Westberlin in diesen Aufnahmen ein schäbiges Provinznest sei, das sich von Ostberlin kaum unterscheide. Wer hier spricht, wer im Raum ist und welche Position einnimmt, wird so allmählich offenbart wie die verschiedenen Teile des Raumes, ohne dass sich Positionen oder Raum sofort begreifen und aufeinander beziehen ließen. Dann eine Nahaufnahme zweier Fotografinnen, sie sitzen vertraut beieinander. Selbstbewusst oder versehentlich tauft Fotografin 1 das Projekt in »Fotografinnen sehen ihre Stadt« um: Für sie sind die Fotos Dokumente subjektiver Erfahrungen, nicht mehr. Sie ist skeptisch, bleibt es auch, fordert unmögliche Prognosen, wie die Kommission reagieren werde. Fotografin 2 (Gisela Zies) denkt überhaupt zum ersten Mal über diese Fragen nach. Für sie hat

75 Gilles Deleuze: *Das Zeit-Bild: Kino 2*, Frankfurt am Main 1997 (1990), S. 236.

die Gruppe objektive, faktische Realität abgebildet, an der man sich doch keinesfalls stören könne.

Halbtotale: Fotografin 3 (Gesine Strempel) sitzt auf einem Tisch im Vordergrund. Sie ist die Pragmatikerin und die einzige, die vermittelnd nach Lösungen sucht. In Weiß und Hellgrau gekleidet, im Vordergrund im Profil, spricht sie nach links ins Off. Hinter ihr setzt sich Edda in Schwarz von der Umgebung ab, mit dem Rücken zur Kamera klebt sie Fotos an die Wand. Die Einstellung ist an der horizontalen Fotowand orientiert, und alles im Kader ist so angelegt, dass Edda ihn dominieren sollte. Dennoch lässt Fotografin 3 Edda verschwinden. Zunächst, indem sie an Edda vorbei ins Off spricht, wo ihr Fotografin 1 und 2 gegenübersitzen müssen. Dann, indem sie *über* Edda wie als Abwesende spricht: »Edda sollte mal erklären, wie sie sich die Zusammenstellung ihrer zehn Fotos vorstellt.« Edda als Erlöserin. Sprechen darf sie jedoch noch nicht. Denn Fotografin 3 steht auf und durchquert den Raum, setzt sich zu Fotografin 1 und 2: einer von wenigen Versuchen im Film, über einen Schnitt hinweg räumliche Kontinuität zu schaffen.

Der Versuch scheitert und soll scheitern: Obwohl Fotografin 3 im Profil geradeaus gesprochen hatte, bricht sie dorthin nicht auf, sondern betritt das Off durch den Hintergrund. Im Anschluss an den Schnitt kippt der Raum nach hinten, ist von den Fotografinnen abgerückt, fasst jetzt alle drei. Als sei der Raum nie geradeaus verlaufen, sondern immer schon nach hinten weggeknickt, als habe Fotografin 3 nie ein direktes Gegenüber im Off angesprochen, sondern immer ins Nichts und mit niemandem kommuniziert. Von nun an hat der Raum mit seinen beiden Hälften keinen nachvollziehbaren Grundriss mehr, jede räumliche Orientierung wird so wenig intuitiv sein wie die Orientierung in den verschiedenen Positionen der Gruppe, die sich konzeptionell so wenig vereinbaren lassen wie die zwei Raumhälften visuell. Fotografin 1 und 2, die eine zweifelnd, die andere überfordert, verbringen den Rest der Szene im linken Teil des Raumes. Edda bleibt im Teil rechts, sie ist überzeugt. Weder Fotografin 1 noch 2 wird umzustimmen sein und die pragmatische Fotografin 3 als einzige Verbindung zwischen Raum- und Meinungsfragmenten hin- und herreisen, bei Edda schließlich bleiben.

In dieser weggebrochenen Zimmerhälfte, die jetzt zu Eddas Hälfte in keinem Verhältnis mehr steht, diskutieren die drei ergebnislos, verlangen von Edda erneut eine Lösung. Zögernd formuliert sie ihre Zweifel an den Ängsten der anderen. Sie sitzt jetzt dort, wo Fotografin 3 zuvor auf einem Tisch gesessen hatte, die Nahaufnahme zeigt sie frontal. Es gibt in der ganzen Szene keinen einzigen Schuss-Gegenschuss. Mit einer Ausnahme wird nicht geschnitten, um zu zeigen, wie die anderen reagieren, wenn jemand spricht. Fotografin 1 und 2 blei-

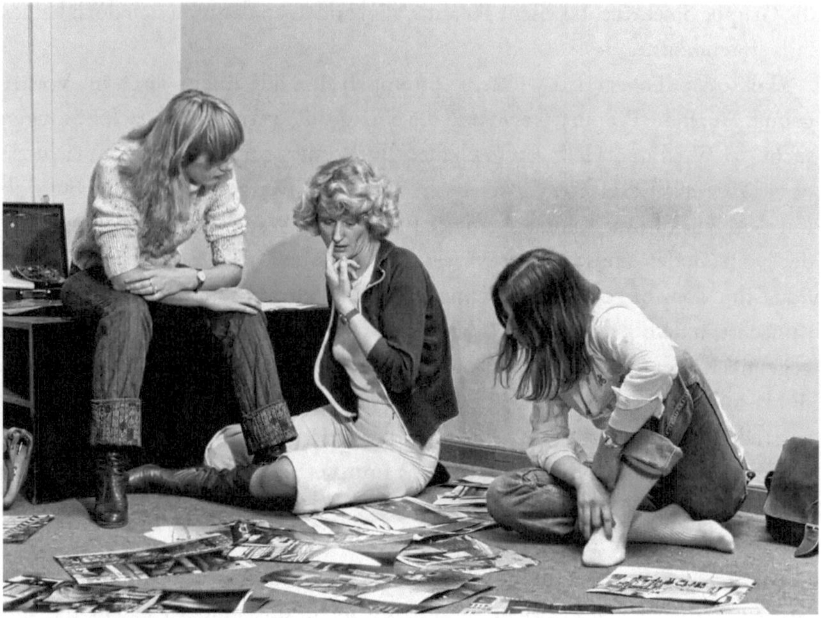

Abb. 7: Die Aussprache

ben fast durchgängig im selben Kader, bleiben einander positionell am nächsten. Fotografin 3 spricht, bevor und nachdem sie bei Fotografin 1 und 2 sitzt, im selben Kader wie Edda, doch Edda spricht immer isoliert, ohne die anderen existiert sie an einem einsamen Ort. Erneut verhalten, jetzt auch mit einer Begeisterung, die sie zu keinem anderen Zeitpunkt im Film zeigt, spricht Edda ins linke Off zu den anderen über Anliegen und Potenzial ihrer Arbeiten, auch über deren Gültigkeit: »Das gibt's ja alles schließlich.« Jetzt, als habe ihr Unwille, in die allgemeine Unsicherheit einzustimmen, ein Gespräch in *diesem* Raum unmöglich gemacht, öffnet sie mit einem Blick ins rechte Off den Raum dorthin, wo die anderen *nicht* sitzen – als müsse sie ein räumlich wie ideell versetztes Gespräch an einem Ort schaffen, wo sich sprechen lässt und planen, ohne sich um die Eventualitäten einer Entscheidung zu sorgen, die nicht von ihnen abhängt. Als platziere sie in diese Ecke ihre Gewissheit, dass alles gut ausgehen wird, solange sie davon ausgehen, dass ihre Arbeit keine externe Bestätigung braucht, um wahr zu sein.

Großaufnahme von Eddas Händen, die an einer Fotostrecke an der Wand arbeiten. »Naja, so sehe ich meine Stadt«, witzelt Edda über den Titel des Wettbewerbs und über die Annahme, dass sie sich je mit dieser Stadt genug identifizieren könnte, um sie für sich zu reklamieren. Darüber auch, dass »hinzusehen«

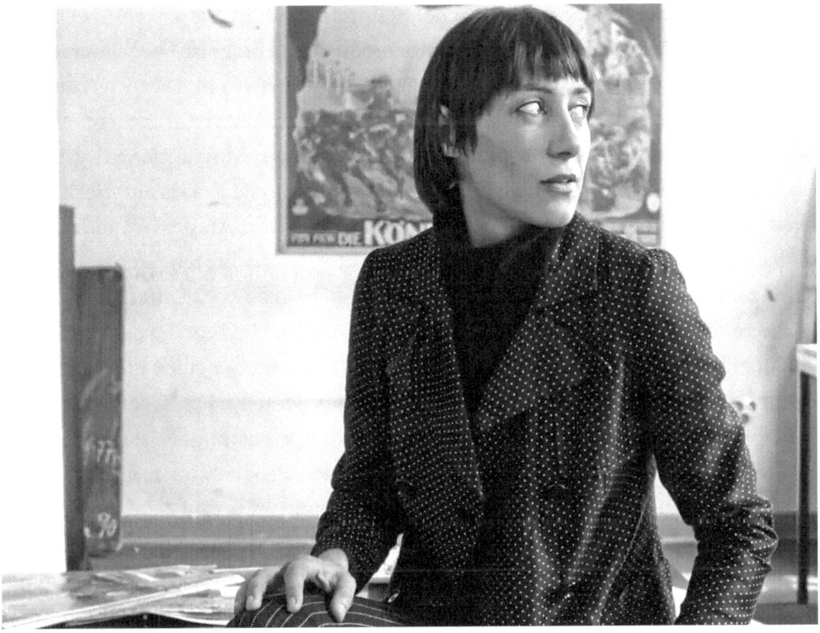

Abb. 8: Blick ins Off

von der Gruppe verlangt und ihr wohl mehr nicht erlaubt sein wird. Fotografin 1 wäre damit schon zufrieden. Doch bloßer »Erfahrung wohnt ein konservatives Moment inne: Sie ist Erfahrung von dem, was ist und nicht von dem, was sein kann.« Auch in den Fotografien der Frauen wird im Grunde nur »abgebildet wie es ist und nicht, wie es sein könnte.«[76] Solche Vorbehalte werden schon zeitgenös-

76 Katharina Lux: »Selbsterfahrung und Kritik – Zur Geschichte feministischen Bewusstseins in der autonomen Frauenbewegung der 1970er Jahre«, in: Klemens Ketelhut und Dayana Lau (Hrsg.): *Gender – Wissen – Vermittlung: Geschlechterwissen im Kontext von Bildungsinstitutionen und sozialen Bewegungen*, Wiesbaden 2020, S. 69. Vgl. zu einem Ansatz, der mit dem Insistieren von Fotografin 1 auf der reinen Dokumentation korrespondiert, Wagner: »Bewußtseinsveränderung durch Emanzipations-Gesprächsgruppen«, S. 156: »Die Emanzipationsgruppen unterscheiden sich auch grundlegend von herkömmlichen Diskussionsgruppen über Emanzipation, die sich um eine theoretische Analyse des gesellschaftlichen Zusammenhangs bemühen. Emanzipations-Gesprächsgruppen nehmen nicht die Theorie, sondern die persönlichen Erfahrungen jeder einzelnen Frau zum Ausgangspunkt.« Vgl. zu Selbsthilfegruppen der Berliner Frauenbewegung Schulz: *Der lange Atem der Provokation*, S. 204–242. Vgl. zur Kritik an der Annahme einer universalen »Frauenerfahrung«, wie sie in Bewusstseinserzeugungsprozessen oft vorausgesetzt wurde, Koschka Linkerhand:

sisch dem Ansatz früher feministischer Selbsterfahrungsgruppen entgegengehalten – von feministischer Seite. Die Autorinnen der Zeitschrift *Die Schwarze Botin* beispielsweise vertrauen »darauf, dass sich mit ihren Mitteln das entwerfen lässt, was noch nicht ist«, und »ihre Mittel« sind die »antizipative Kraft von Wissenschaft und Theorie, Philosophie und Kunst«[77]. Von Abstraktionen also, von Extrapolationen, die aus Erfahrungen eine künstlerische Praxis entwickeln, die weit mehr als nur dokumentiert: so wie Eddas Projekt. An der Wand hat Edda Fotos aneinandergeklebt, die sie aus dem Auto von mehreren Werbetafeln am Grenzstreifen geschossen haben muss. *Every Billboard on …* Langsam filmt die Kamera die entstandene Strecke ab, doch anders als bei Ed Ruscha oder bei Helke Sanders Kamerafahrten in der wirklichen Stadt kommt der Blick hier überhaupt nicht vorwärts. Im Gegenteil: Die Kamera filmt der ursprünglichen Fahrt- und Fotografierichtung entgegen von links nach rechts, entfremdet somit die abgelichtete Berliner Realität einem Kinoblick, der Progression erwartet. Mehr noch: Edda arrangiert auf diesen Aufnahmen, und zwar auf den Werbetafeln, ihre Fotos verschiedener Inschriften auf der Berliner Mauer. Sie plant mit dieser Strecke ihr Projekt, das draußen in der Stadt Werbetafeln kapern will, um das korporative Monopol auf die Kommunikation im öffentlichen Raum zu unterwandern. Anstatt sich an das zu klammern, »was ist«, und an die Angst davor, »was sein könnte«, transzendiert Eddas Projekt die bloße Erfahrung und abstrahiert vom Gesehenen, um selbst zu bestimmen, »was noch nicht ist«. Diese Intention und dieses Potenzial mag sie, die hier nicht zum ersten Mal als einzig Handelnde aus einer Gruppe hervortritt, mit einem Blick hinter der Kamera platziert haben, als sie es in die andere Hälfte des Raumes nicht kommunizieren konnte.[78]

Die zu ihrem Tisch zurückgekehrte Fotografin 3 wiederholt ihre Zweifel, ob die Gruppe mit ihrem Projekt durchkommen werde, winkt Edda in den Vordergrund, will vom Gegenteil überzeugt werden. Edda soll entscheiden, und als sie

»Das politische Subjekt Frau: Rehabilitierung eines Kampfbegriffs«, in: dies.: (Hrsg.): *Feministisch streiten: Texte zu Vernunft und Leidenschaft unter Frauen*, Berlin 2018, S. 18–50.

77 Lux: »Selbsterfahrung und Kritik«, S. 69.

78 Auch die Zeitschrift *frauen und film* sei prozessual vorgegangen und habe ihre Arbeit als Austausch verschiedenster Diskurse angelegt: Interviews, Diskussionen, Theorie, Memoiren. Vgl. Sabine Hake: »Focusing the Gaze: The Critical Project of *frauen und film*«, in: *Women in German Yearbook*, Jg. 5 (1989), H. 1, S. 19–39, hier: S. 31. Vgl. auch Silvia Bovenschen: »Über die Frage: Gibt es eine weibliche Ästhetik?«, in: *Ästhetik und Kommunikation*, Jg. 7 (1976), H. 25, S. 60–75, hier: S. 75: »Was ich gut finde, ist, daß die Künstlerinnen heute gar nicht daran denken, sich reduzieren zu lassen. Sie bearbeiten die Leinwand, sie filmen, sie machen Plastiken, sie arbeiten mit Metall ebenso wie mit Stoff, sie spielen Theater.«

zu entscheiden scheint, ist nur ihr Oberkörper zu sehen. Fotografin 3 blickt an Edda hinauf und sieht sie im Off reagieren. Ob sie außerhalb des Kinobilds nun zustimmt oder nicht, sie kommuniziert etwas: Wie Edda zuvor auf demselben Tisch sieht auch Fotografin 3 in die rechte Ecke des Raumes hinter die Kamera. Wiederholt öffnet auch sie den Raum dorthin und weg von Fotografin 1, der großen Zweifelnden, und Fotografin 2, der Ahnungslosen – weg von dem, »wie es ist«. Hin zu dem, wie es »noch nicht ist«, affirmativ also zu dem hin, »was sein könnte«. Als befinde sich in dieser Ecke ein Verständnis, das Edda dort mit Blicken deponiert hatte und Fotografin 3 jetzt gefunden hat. Zwar mündet die Szene »in Ratlosigkeit«. Doch wenige Szenen später werden die Frauen zu dritt den Schritt hinaus über die bloße Erfahrung machen und ihre Version der Stadt mit der realexistierenden Stadt konfrontieren. Edda vorneweg, Fotografin 3 mit Enthusiasmus hinterher, Fotografin 2 widerwillig. Fotografin 1 wird nicht dabei sein.

4. Sonntagmorgen

4.1 Mauer und Mauern

An einem trüben Sonntag sind die drei unterwegs, um Eddas auf Plakatdimensionen vergrößertes Foto der Berliner Mauer am Kreuzberger Legiendamm vor *anderen* Westberliner Formen der räumlichen und politischen Kontrolle zu fotografieren, die jede subjektive Interaktion mit der Stadt leiten oder verhindern, Zugang hier ermöglichen, dort verweigern und – wie die Mauer – diesen Zugang auch auf institutioneller, gesellschaftlicher und symbolischer Ebene regeln: Die Fotografinnen lehnen das Plakat an die Grundstücksmauer rund um eine Kriegslücke, wo es zwischen Werbeplakaten kaum auffällt; an eine mit Stacheldraht gesäumte Mauer rund um eine Strafvollzugseinrichtung; an eine Industriemauer im Regen mit Reklame für einen Mineralöl-Konzern, von der dann noch die Buchstabenfolge *Sell* zu sehen ist. Auch an den Zaun eines amerikanischen Truppenübungsplatzes. Selbst wenn die Berliner Mauer nicht (mehr) existierte, gibt es im Westen noch viele weitere – sie ist nicht die einzige Hürde auf dem Weg in jenes im Kalten Krieg so heiß ersehnte Zeitalter des Friedens, der Freiheit und Gleichheit. Die Gruppe findet zum Legiendamm: Vom selben Fenster im Haus Waldemarstraße 12, von dem auch Eddas Foto aufgenommen worden war, ist zu sehen, wie Fotografin 2 und 3 das Plakat an der Mauer abstellen, das Kinobild zur externen Replikation des Fotos im Bild wird. An allen Schauplätzen zuvor hatten Fotografin 2 und 3 die Aufbauarbeiten verrichtet, Edda hatte orchestriert, fotografiert. Hier ist sie nirgends zu sehen. Impliziert wird, dass sie die Szene vom selben Fenster aus ablichtet, an dem Helke Sander filmt, und ihre Perspektive erneut sich mit dem Publikumsblick eint.

Anders als das Kinobild trägt das an die Mauer gelehnte Foto zwar kein Foto in sich, die Bild-im-Bild-Sequenz endet in Redupers auf der zweiten Ebene. Immerhin ist die Möglichkeit einer zweiten, dritten, unendlichen inneren Wiederholung gegeben. In ihrer Darstellung von Derridas linguistischer *Mise en abyme* resümiert Gayatri Chakravorty Spivak den strukturalistischen Allgemeinplatz, dass sich kein sprachliches Zeichen, auch kein Kinobild mit der Wirklichkeit decken könne: »No engineer can make the ›means‹ – the sign – and the ›end‹ – meaning – become selfidentical«, kein Signifikant wird auf dem Weg in die Tiefe je das Fundament einer zum Beispiel fotografisch festgehaltenen Realität erreichen, als Rahmen-im-Rahmen-im-Rahmen-usw. beziehen beide sich unendlich und ziellos aufeinander: »Sign will always lead to sign, one sub-

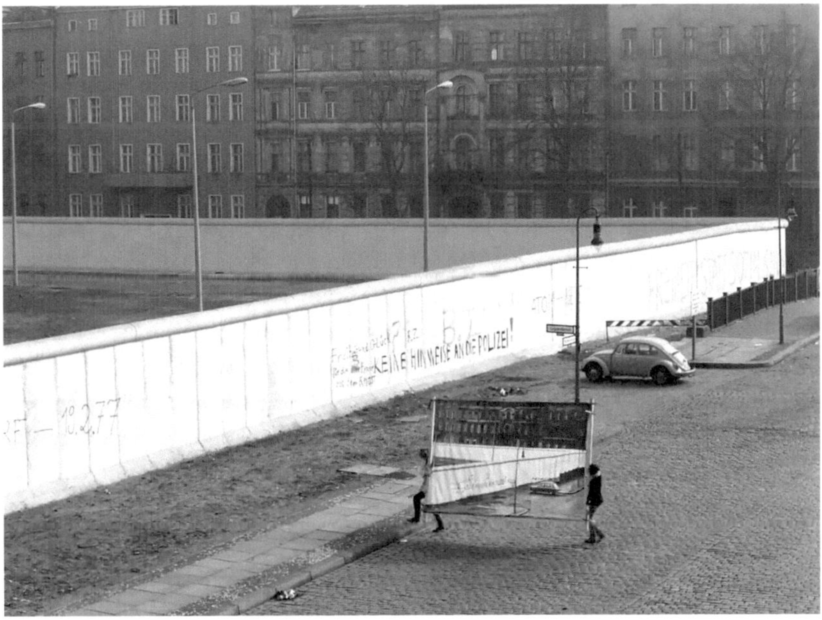

Abb. 9: Mauerfoto an der Mauer

stituting the other [...] as signifier and signified in turn«[79] und als nie mehr als das – als ewiger Ersatz. Eine solche *Mise en abyme* dient auf Eddas Foto einerseits als selbstreferenzielle Einbettung, als einfache Rekursion des Kaders auf den Kader in sich – als Illusionsstörung, die das Bewusstsein für die Konstruktion der Erzählung einmal mehr erneuert.[80] Sie prognostiziert außerdem eine große Gefahr: Der Aufforderung, Berlin zu »sehen«, ist die Gruppe nachgekommen, ihrer Wirklichkeit nähern die entstandenen Fotos sich an, nicht mehr. Sollte ihnen jedoch, wie befürchtet, die Gültigkeit des Gesehenen und Erlebten abgesprochen und sollten sie zu konzilianteren Aufnahmen gezwungen werden, dann wären solche duldenden Fotos nicht nur Approximationen, sondern mit gelebter Erfahrung ewig unvereinbar.

79 Gayatri Chakravorty Spivak: »Translator's Preface«, in: Jacques Derrida: *Of Grammatology*, Baltimore 1997 (1976), S. ix-lxxxvii, hier: S. xix.

80 Vgl. zu verschiedenen Arten solcher Störungen Michael Scheffel: *Formen selbstreflexiven Erzählens: Eine Typologie und sechs exemplarische Analysen*, Tübingen 1997, S. 54–90.

4.2 Mit Chorfantasie über den Potsdamer Platz

Mit diesem und einem zweiten Eingriff in den öffentlichen Raum werde Berlin »a huge apartment in need of tasteful decoration, and billboards become picture frames containing the city's equivalent of family photographs. Curtains transform the gaping space of a platform into a window, so that looking from West to East imitates the conditions of looking from inside to outside.«[81] Dieser zweite Eingriff, das Vorhang-Projekt, beginnt mit einer letzten Kamerafahrt, die von Süden auf den Potsdamer Platz zuhält, sie markiert den Beginn der letzten Szene dieser ersten Hälfte des Films und wird von der ersten extradiegetischen Musik begleitet. Eine Aufnahme aus dem Jahr 1954: Andor Foldes am Klavier, der RIAS Kammerchor und der Berliner Motettenchor sowie die Berliner Philharmoniker mit Fritz Lehmann als Dirigent entfalten eine Komposition, die sich leicht für Beethovens *Neunte Sinfonie* halten ließe. Tatsächlich handelt es sich um seine *Fantasie C-Moll für Klavier, Chor und Orchester Op. 80*, entstanden 1808 als Vorstufe der 16 Jahre später vollendeten *Neunten*.[82] Der zitierte Auszug aus dem oft nur *Chorfantasie* genannten Konzert ist gerade lang genug, um das vertraute Thema mehrfach durchzuprobieren und die Erwartung zu schüren, dass in einem deutschen Film über deutsche Verhältnisse diese Melodie sich zweifellos zu jenem unvermeidbaren Höhepunkt hinaufwinden werde, den Schillers entrückte *Ode an die Freude* nicht nur im letzten Satz der *Neunten* bereithält, sondern auch im deutschen und europäischen Harmonieversprechen: »Alle Menschen werden Brüder«[83]. Redupers liegt bis zu dieser Szene wenig daran, in das nationale Klagelied über die deutsche Teilung einzustimmen oder den Traum von einer Wiedervereinigung unter Bonner Führung mitzuträumen. An der Mauer lässt sich legitime Kritik üben. Wichtiger sind dem Film die Analyse Westberliner Herrschaftsverhältnisse und der Nachweis, dass die Gemeinsamkeiten zwischen West- und Ostberlin keineswegs zu geringfügig sind, als dass sie sich nicht dokumentieren lie-

81 Mayne: *The Woman at the Keyhole*, S. 54. Vgl. Matthew D. Miller: »Divided Berlin and Cold War Aesthetics«, in: *Seminar*, Jg. 55 (2019), H. 3, S. 266–295, hier: S. 284: »The mise en abyme, the curtained enframement of the gaze across the border, and other photographic procedures all constitute elements of an aesthetic of cognitive mapping responsive to space's domination by the blocs and their ideological pulls on West and East Berlin perspectives.«

82 In der Forschung ist Roger Hillman der einzige, der die *Chorfantasie* in dieser Szene erkennt. Vgl. Hillman: *Unsettling Scores: German Film, Music, and Ideology*, Bloomington 2005, S. 55. [Den Hinweis, dass es sich bei der im Film gespielten Aufnahme um die beschriebene aus dem Jahr 1954 handelt, verdanke ich David Cubek, K. V.]

83 Beate Angelika Kraus (Hrsg.): *Beethoven Symphonien*, Bd. V: *Nr. 9 d-Moll Opus 125*, München 2020, S. 221.

ßen. Gespielt wird hier deshalb mit der vorschnellen Annahme, dass diese letzte Kamerafahrt mit einer derart gängigen Tonfolge auf den Höhepunkt der *Neunten* zuhalten *müsse* – dass also Einheitssehnen und Erlösungsdenken neben einer konventionellen Mauerkritik doch noch ihren Platz in REDUPERS finden und dort davon ablenken könnten, worum es eigentlich geht. »Formally the conjunction of the fantasy with the Ninth provides an acoustic mise-en-abîme that parallels the visual one«[84] in der vorherigen Szene. Ringen Eddas Fotoplakate mit der Westberliner Unvereinbarkeit von Selbstwahrnehmung und Realität. So öffnet sich jetzt die Kluft und beginnt zugleich das symbolische Wechselspiel zwischen einem vollendeten, mustergültigen deutsch-europäischen Hochkulturideal (*Neunte*), das ungeübte Ohren hier wie selbstverständlich erwarten mögen; und der gelebten Realität der politischen, künstlerischen und persönlichen *work in progress* von fünf Berliner Fotografinnen (*Chorfantasie*), die ungeübte Augen niemals sehen würden.[85]

Die *Neunte* galt schon bei der Uraufführung als Erfolg, während die Arbeiten an der *Chorfantasie* durchweg chaotisch waren. Im Dezember 1808 wurde sie gemeinsam mit der *Fünften* und *Sechsten Sinfonie* im Theater an der Wien uraufgeführt. Die Zeichen standen schlecht: Die Vorbereitungszeit soll knapp gewesen sein, der ökonomische Druck groß. Mehr oder weniger fertig geworden sei das Stück erst im allerletzten Moment. Proben habe es kaum welche gegeben, auch während der Vorstellung habe nichts richtig funktioniert: Mindestens einmal musste von vorn begonnen werden, Beethoven habe noch auf der Bühne zu Ende komponiert. »Man vermutet daher, dass das, was aus heutiger Sicht wie eine Sternstunde klassischer Musik anmutet, für alle Beteiligten wenig mehr denn ›schlechthin eine Qual‹ war und die Werke ›mehr oder minder‹ entstellt wiedergegeben wurden.«[86] Diese Umstände seien Folge eines sich nach 1800 rasant professionalisierenden Konzertwesens gewesen. Komponisten waren Unternehmer in eigener Sache, die ihrem Anspruch auf ästhetische Autonomie nachgehen wollten und zugleich gezwungen waren, Nachfrage und Absatz zu berücksichtigen.[87] Dieses Paradox haben seitdem Generationen freischaffender

84 Hillman: *Unsettling Scores*, S. 55.

85 Beethoven selbst schreibt 1824 über seine *Neunte*: »mit den Worten von Schillers unsterblichem Lied an die Freude auf die Art, wie meine Klavier Fantasie mit chor (!), jedoch weit größer gehalten als selbe«. Vgl. Ludwig van Beethoven: *Sämtliche Briefe*. Bd. V, Berlin und Leipzig 1908, S. 14.

86 Frédéric Döhl: »Fantasie c-Moll für Klavier, Chor und Orchester op-80«, in: Oliver Korte und Albrecht Riethmüller (Hrsg.): *Beethovens Orchestermusik und Konzerte*, Laaber 2013, S. 233–255, hier: S. 235–236.

87 Vgl. zu den Details in diesem Absatz ebd., S. 237–247.

Künstler:innen vererbt bekommen – es zeigt sich auch im Dilemma der Fotografinnen, die sowohl auf Absatz als auch auf Toleranz für ihren Blick auf die Stadt hoffen müssen.

Außer solch generellen Reminiszenzen finden vor allem formale Aspekte der *Chorfantasie* ihre Entsprechung in REDUPERS. Sowohl Film als auch Konzert entfalten sich als Akkumulation: Zu Beginn der kreative Künstler/die kreative Künstlerin allein, sie/er überwacht am improvisierenden Werkzeug – Fotokamera/Klavier – die ersten Schritte. Die Kamerafahrt zitiert dann den »actual beginning of the tune«,[88] nämlich die folgenden Variationen für Flöte, Oboe, Klarinetten und Streichquartett des Themas, das Beethoven erstmals 1793 in seinem Lied *Seufzer eines Ungeliebten – Gegenliebe* entwickelt hatte und 1824 in der *Neunten* wieder aufgreifen sollte. Die Variationen steigern das Thema durch Zuwachs, indem sie es ausprobieren, dann beiseite legen, um sich an anderem zu versuchen. So fügen sie ihm neue Schichten hinzu, entwickeln es, bringen es immer weiteren musikalischen Kreisen bei und schließlich dem ganzen Orchester: »Instrumente und Stile in den Variationen [werden] quasi symbolisch behandelt, als Anspielungen auf Musiker – auch auf die Menschen schlechthin – verschiedener soziale Lagen und Lebenswege.«[89] Solches Tasten, die experimentierende Suche des Konzerts nach einer Form der Kollektivität – all dies zeigt sich auch im stotternden Arbeits- und Diskussionsprozess der Fotografinnen, auch in Helke Sanders »concern with the processes of evolution rather than with their concealment in the final product.«[90] Die zu Beginn noch isoliert vor sich hin werkelnde Künstlerin müht sich auf ihrer Reise an diesem und jenem und arbeitet sich – wie Beethoven – im Grunde einen immer voller, weiter werdenden Film lang an Versionen ein und desselben Themas ab, bis – im Anschluss an einen buchstäblich gewaltigen Höhepunkt – vieles zur Ruhe kommt und sich klärt.

***

Die im Film zitierte Passage des Konzerts setzt gegen Ende von Takt 72 ein, nach dem Solo-Klavier, als Klavier und Hörner die Melodie zum Variieren vorgeben. In dieser Variation der Kamerafahrt, die wiederholt im Film nach einem subjektiven Zugang zur Stadt sucht, hat sich vom Auto aus die Sicht geweitet, die Fahrt

88 Hans Keller: »New Music«, in: ders.: *Essays on Music*, Cambridge 1994, S. 40–47, hier: S. 45.

89 Steven Moore Whiting: »›Hört ihr wohl‹: Zu Funktion und Programm von Beethovens *Chorfantasie*«, in: *Archiv für Musikwissenschaft*, Jg. 45 (1988), H. 2, S. 132–147, hier: S. 139.

90 Hillman: *Unsettling Scores*, S. 55.

verläuft in einiger Distanz zur Mauer über die Bernburger Straße. Bald wird in die Linkstraße abgebogen (was heute nicht mehr möglich ist), zwischen den Takten 76 und 92 entsteht Spannung durch die lose, rezitationsartige Struktur und den Dialog zweier Instrumente: »Wenn zuerst die Soloflöte, dann die beiden über den Murkybaß im Klavier hinwegpfeifenden Oboen das Thema paraphrasieren, so ist es, als ob Figuren aus der Pastoralsinfonie in die Fantasie hinübergewandelt wären«[91] – als ob also »die Natur hier mit den Augen des Städters, des ›einsamen Träumers‹, gesehen wird, d. h. etwas idealisiert, als schöner Sommertag, möglicherweise als Festtag.«[92] Die *Sechste* wimmele von plätschernden Bächen und Vogelstimmen, tanzenden Bauern, erfrischenden Gewittern, Hirtengesängen: »Die anorganische Welt (Bach), die organische Welt (Vögel), die vergeistigte (Mensch) und die sublimierte Welt (Schaffen) haben eine gemeinsame göttliche Quelle und basieren gegenseitig aufeinander.«[93] Zwischen Kamera und Mauer hingegen ist die Stadt kein solches Idyll, sondern öde Brache: ein freud- und zukunftsloses Niemandsland – Berlin, wie es den Fotografinnen begegnet.

Auf der Linkstraße zwischen Takt 92 bis 108 geht es mit Klavier und Oboen Richtung Tiergarten: weniger verspielt, tragender, ein Marsch. Zu einem musikalischen Symbol kollektiver Solidarität werde die *Chorfantasie* mit der zunehmenden Teilnahme immer größerer Instrumentenkreise und schließlich mit dem Tutti als Perfektionierung der Variationen.[94] Öffentliche und private Bereiche, innere und äußere Welten kommen zusammen: Jenes »folk-like theme«, über das Beethoven in den Jahrzehnten zwischen *Gegenliebe* und *Neunter* gesonnen habe, evoziere eine »collectivist aesthetic« staatsbürgerlichen Einheitsempfindens und verlange nach öffentlicher Teilnahme an einer Melodie, die beim ersten Hören so vertraut klingt, als ob das Stück »already constitutes their voice.«[95] Letztlich sollen die anwachsenden Variationen eine potenziell unendliche Gesamtzahl von Zuhörer:innen in jenen Chor absorbieren, der das Konzert beschließt. Diese Eskalation vom Besonderen zum Allgemeinen, vom kreativen Prozess zur geschaffenen Ordnung beschreibt den Weg des Einzelkünstlers ins ersehnte

91 Whiting: »›Hört ihr wohl‹«, S. 139.

92 Larissa Kirillina: »Die sechste Sinfonie (*Pastorale*)«, in: Korte/Riethmüller: *Orchestermusik und Konzerte*, S. 130–146, hier: S. 132.

93 Ebd., S. 141.

94 Vgl. Nicholas Mathew: *Political Beethoven*, Cambridge 2012, S. 146, 166.

95 Vgl. Nicholas Mathew: »Joining in and Joining up: Military Attention, Active Listening, and Beethoven's Public Music«, auf einer Konferenz der *American Musicological Society* gehaltener Vortrag, San Francisco 2011, zitiert nach Daniel K.L. Chua: »Beethoven Going Blank«, in: *The Journal of Musicology*, Jg. 31 (2014), H. 3, S. 299–325, hier: S. 314.

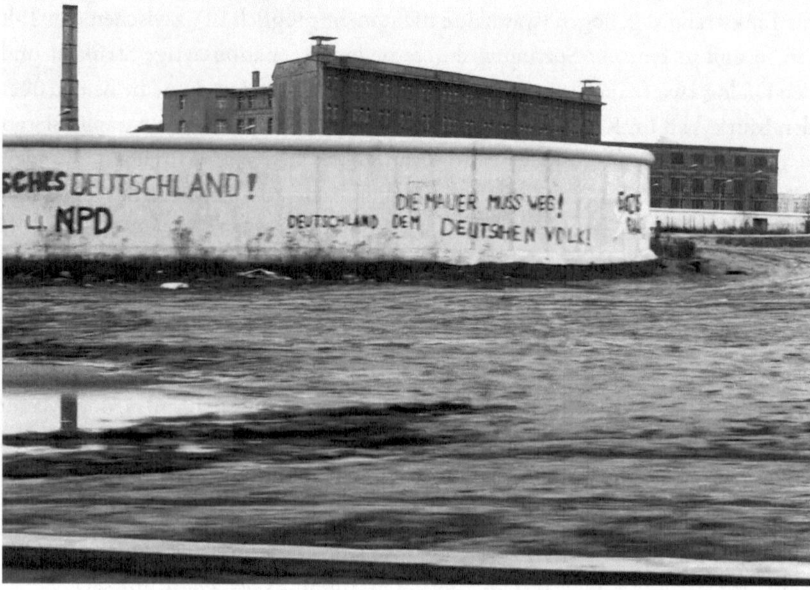

Abb. 10: »Schlammpampe« am Potsdamer Platz

Kollektiv. Arbeiten sich die Variationen der *Chorfantasie* geduldig an einer Tonfolge ab, bis sie alle Instrumentierungen ausprobiert haben und das zusammenführende Tutti zur wirksamsten Option wird, dann entwickelt sich ähnlich die Arbeit der Fotografinnen nach Versuchen und Fehlversuchen, Ansätzen und Abbrüchen zu einem konkreten Projekt. Dabei ist die Gruppe an einer Kollektivbildung nachrangig interessiert. Entscheidend ist, dass ihre Projekte ein Publikum benötigen, das guten Willens zuzuhören und zuzusehen bereit ist. Dieses Publikum muss kein geeintes Volk sein, es geht um Aufklärung und Grundlagenanalyse, nicht um nationale oder sonstige Harmonien. Auch die *Chorfantasie* transzendiere »*völkisch* identities that [Beethoven] may have inherited (or actively cultivated) from the larger populace. Rather, the Choral Fantasy's imbalance between the active solo pianist […] and the comparatively re-active ›chorus of spirits‹ on the sidelines indicates that political questions of agency and sovereignty are at play«.[96] Noch lange vor Einsatz des Chors, der in REDUPERS nie zu hören

96 Ryan Minor: *Choral Fantasies: Music, Festivity, and Nationhood in Nineteenth-Century Germany*, Cambridge 2012, S. 18–19. Vgl. ebd., S. 11: Auch Christoph Kuffners Text für die *Chorfantasie* sei nicht mit erhobener Faust und Eroberungsgeschrei

sein wird, wird dieser ambitionierte Geist der pluralistischen *Chorfantasie* am Potsdamer Platz immer größer und einladender und der Blick vom Auto aus immer weiter, wenn auch nur »Schlammpampe« (Fotografin 1 in der Diskussionsszene) zu sehen ist. Hier jetzt, während Klavier und Oboen spielen, hält der Straßenverlauf mit solcher Geschwindigkeit auf die nach Westen schneidende Mauer zu, dass es vor der Kreuzung Linkstraße und Potsdamer Straße zur Kollision zu kommen scheint. Sehen lässt sich kaum mehr ein paar Meter weit. Zugleich erlischt jede verbliebene Hoffnung auf pastorale oder sonstige Idylle, als die Mauer hier mit neo-nationalsozialistischen Forderungen nach einer völkischen deutschen Einheit überzogen ist – als sich also eine noch sehr viel hässlichere Dimension des westdeutschen Umgangs mit der Teilung eröffnet.[97]

***

Klavier und Oboen beenden ihre Variation, die Fahrt kreuzt die Potsdamer Straße, mit »den nächsten zwei Variationen zieht das Thema sozusagen in die Stadt, indem es auf urbaneres Musizieren anspielt. Ein Straßenmusikanten-Trio«[98] aus Klarinetten und Fagott übernimmt bei Takt 108. Die Symbole von NPD, Wiking-Jugend und BHJ verschwinden hinter baufälligen Schuppen. Geigen, Bratsche und Cello führen in Takt 124 ein, die Kamera treibt von der Mauer weg, wird langsamer. Was mit geläufigen Klängen Halt verliehen hatte, verspricht sich endlich zu Schillers elegischem Chor hinaufzuwinden, um die trostlose Grenzbrache zu erlösen.

Noch ist es nicht so weit. Halt auf der Bellevuestraße an der Südseite des Lenné-Dreiecks. Die Streichquartett-Variation, jene »concerto-like codetta [...] which definitely presages something very different to come«[99] endet: Bei Takt

geschrieben worden. Er verspreche kein Vaterland oder wilde Leidenschaften, sondern Blumen und Stille.

97 Erneut kreuzen sich an der Mauer Helke Sanders und Wim Wenders' Wege. In HIMMEL ÜBER BERLIN sind 1987 diese Nazi-Parolen längst übermalt, aus der Vielzahl von Graffiti lässt sich keine Botschaft mehr herauslesen. Engel Cassiel begleitet Engel Homer auf der Suche nach einem Potsdamer Platz der Vorkriegszeit, der nicht länger existiert: »Potsdamer Platz becomes the site of sinister, though still virtual, continuities as [Homer] acknowledges the square's indifference to the rise of National Socialism. [...] Homer's embodiment by the Jewish actor Bois, who left Germany in 1933, lends these sentiments a dual legitimacy: that of the native flaneur and that of the disoriented outsider. [...] What he does not know is that he has already found what he will never find; the square's geographical location does not add up to the bygone place, architecture, and atmosphere of memory.« Brigitta B. Wagner: *Berlin Replayed: Cinema and Urban Nostalgia in the Postwall Era*, Minneapolis 2015, S. 170.

98 Whiting: »›Hört ihr wohl‹«, S. 139.

99 Keller: »New Music«, S. 44.

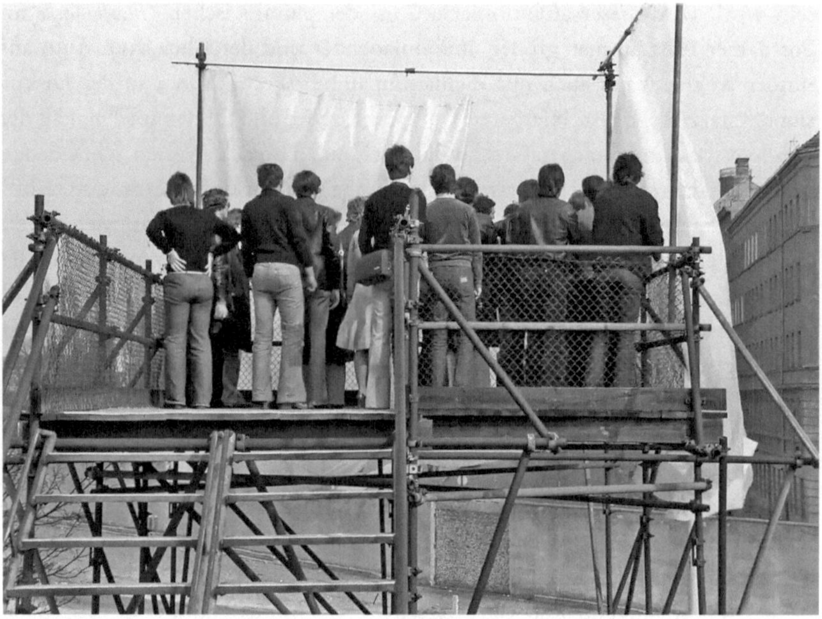

Abb. 11: »Uuhhhh, Leute, Häuser, Autos, wenige. Eine Straßenbahn.«

138 stoßen alle Streicher hinzu, und die Szene schneidet zu einer Aussichtsplattform, die hier am Potsdamer Platz stehen soll, sich tatsächlich an der Bernauer Straße Ecke Oderberger und Schwedter Straße befand, wo bei Takt 143 das gesamte Orchester ohne Klavier die letzte Variation eröffnet. Nun also kommt diese Codetta, dieses »something very different«: Zwar noch immer nicht Schillers Chor der *Neunten*, sondern das textlose, deshalb beliebig interpretierbare Tutti der *Chorfantasie* beschließt sowohl Beethovens Variationen als auch diese letzte suchende Variation der Kamerafahrt: Das gesamte Orchester (noch ohne Chor) und der einzige vertikale Schwenk im Film begleiten eine größere Gruppe junger Menschen die Aussichtsplattform hinauf, von der aus sie die Mauer visuell überwinden werden, nachdem von unten nicht viel zu sehen war: »Indeed, there is a sense of variation freeing itself and becoming creation«.[100] Aus dem expressiven Soloklavier ist ein Orchester geworden, aus Eddas Einzelarbeit ein Gemeinschaftsakt mit Öffentlichkeit.

Gleichzeitig mit der Musik kommt das Publikum oben an. Mit Schwerpunkt auf die Solo-Instrumente kehrt das Klavier bei Takt 156 für einen Übergangsteil

100 Hillman: *Unsettling Scores*, S. 56.

noch einmal zum Thema zurück, bei Takt 172 wird die *Chorfantasie* ausgeblendet. Auf der Plattform Frühlingsvögel, Gemurmel vor einem zugezogenen Duschstatt Eisernem Vorhang. Fotografin 4 (Helga Storck) verkündet, worum es geht: »Wir stellen Automaten auf, jeder, der kommt, zahlt 10 Pfennig, und dann geht der Vorhang auf.« Ein exklusiver Blick werde sich auf eine verteufelte Welt jenseits der Mauer werfen lassen: Solche »counter-public acts call on citizens to establish their own views of sameness, difference, and connection in the face of objective constraints and politicized opposition imposed by the city's division.«[101] Konkreter: Das Öffnen des Vorhangs ermöglicht dem Westberliner (Kino-)Publikum die erstaunte Erkenntnis, dass der Osten sich auf diesem ersten Blick vom vertrauten Westen kaum unterscheiden lässt: »Uuhhhh, Leute, Häuser, Autos, wenige. Eine Straßenbahn.« Beim Schwenk über den Todesstreifen zwar das Motorrad der Grenzbeamten, doch im Hintergrund Alltag.

Auch auf der Plattform ist von Schillers Chor zunächst nichts zu hören.[102] Erst mit einem zweiten Schwenk über den Todesstreifen wird die Vorstufe und Arbeitsversion vom vermeintlich unübertroffenen Ausdruck europäischer humanistischer Ideale abgelöst, die *Neunte Sinfonie* ersetzt die *Chorfantasie*: »Seid umschlungen, Millionen! / Diesen Kuß der ganzen Welt!«[103] In Begleitung der *Chorfantasie* hatte die Kamera zunächst einen künstlerisch-politischen Prozess und das experimentierende Werken an der individuellen Erfahrung reflektiert. Die Szene schließt nun mit der Vollendung des durchprobierten Themas in der *Neunten*, deren schwelgender, exaltierter Universalismus und maskuliner Monumentalismus sich umso deutlicher mit der ernüchternden Wirklichkeit des deutsch-deutschen Alltags bricht.[104] Hier sind die wenigsten tatsächlich »Brüder«, schlimmer noch: Die Feststellung, dass sich die beiden Berliner Stadthälften gar

101 Miller: »Divided Berlin and Cold War Aesthetics«, S. 280–281.

102 Von Christoph Kuffners sowieso nicht, er setzt in der *Chorfantasie* erst bei Takt 444 ein, lange nach dem in REDUPERS zitierten Auszug.

103 Kraus: *Beethoven Symphonien*, S. 201–205. Vgl. zum ab etwa 1978, also nach REDUPERS, aufkommenden Interesse deutscher Regisseure (unter anderem Rainer Werner Fassbinder, Kluge, Hans-Jürgen Syberberg, Farocki) an der *Neunten Sinfonie* Caryl Flinn: *New German Cinema: Music, History, and the Matter of Style*, Berkeley 2004, S. 107–138.

104 Der Wechsel zur *Neunten* ist nötig, weil dieser Bruch mit Kuffners Chor weitaus weniger dramatisch ausgefallen, falls denn überhaupt aufgefallen wäre. Kuffner nämlich endet mit der Hoffnung auf rein ästhetische und individualistische, nicht auf Schillers spirituelle und harmonische, auch politische Erleuchtung: »Nehmt denn hin, ihr schönen Seelen, / froh die Gaben schöner Kunst.« Vgl. Armin Raab (Hrsg.): *Beethoven Werke für Chor und Orchester*, München 1998, S. 79–81. Insgesamt verfolge Kuffners Text eine bescheidenere Zielsetzung als Beethovens Komposition, die »daher keine Textvertonung im eigentlichen Sinne dar[stellt]«. Vgl. Döhl: »Fantasie c-Moll für Klavier, Chor und Orchester op-80«, S. 241.

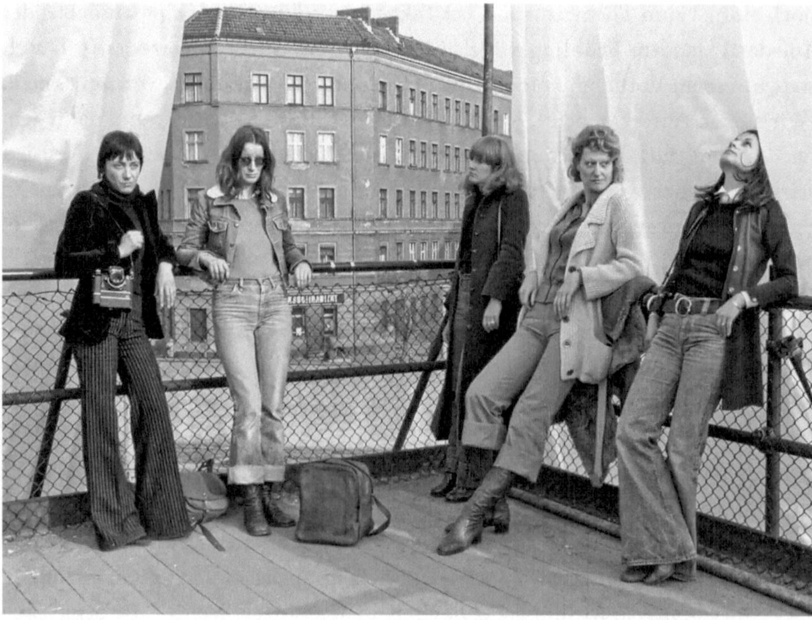

Abb. 12: »Oh je ...«

nicht so sehr unterscheiden, bedeutet auch, dass vom behaupteten politischen Fortschritt Ostberlins in mindestens einer Hinsicht so wenig zu halten ist wie von dem des Westens. Die Frage, ob ein »Vaterland der Werktätigen« denn auch das »Mutterland für die Hoffnungen der Frauen« sein könne, lässt sich deshalb nur mit einem schaudernden »Oh je ...« beantworten. Nicht, dass die Gruppe von dieser Erkenntnis sonderlich überrascht wäre.

5. Montagmorgen

5.1 Arbeitstänze

Warten, Unterwegs sein, Finanzen durchrechnen, Kaffee trinken, Lohnarbeit, Mahlzeiten vorbereiten, Gespräche, Müll rausbringen. Ein stummer Besuch mit der Tochter im Eiscafé.[105] – REDUPERS untersucht die narrativen Implikationen alltäglicher Gesten, Rituale und Aktivitäten, die normalerweise an die Ränder des Narrativs verwiesen werden. Auch Morgengymnastik.

Am Sonntagabend war Edda der Aufforderung des Liebhabers Werner (Ronny Tanner) nachgekommen und zu einer Aikido-Stunde mitgegangen. Die Szene beginnt mit einem Lehrenden, der seine Bewegungen vorführt, ganz bei sich. Alle sehen zu. Dies ist die erste Einstellung seit der ersten Kamerafahrt, die sich weder durch Eddas Anwesenheit noch durch vertraute visuelle Stilelemente kontextualisieren ließe – ein ganz neuer Film. Als Kader dient ihm der rechteckige, leicht erhöhte Trainingsbereich des Dōjōs. Hier üben nach einem Schnitt dann alle anderen Aikidoka, drehen einen Film über körperliche Betätigung als Sublimationsform kreativer, politischer Energien, und zwar ohne Edda: Sie steht daneben, sieht zu, wartet. »Zum einen bezeichnet das Off das, was woanders,

105 Helke Sander über eine ähnliche Szene aus Alexander Kluges GELEGENHEITSARBEIT EINER SKLAVIN: »Hinter der Scheibe stehen Roswitha Bronski und ihr Kind. Draußen schneit es. Kommentar: Innen ist es warm, draußen ist es kalt. Dies ist angewandte Ideologie, weil hier die Beziehung Mutter-Kind zum allgemeinen Bild gerinnt: Mutter und Kind sind aneinander gedrängt zu einem Körper. Die Symbiose spielt sich hinter Scheiben ab. Beide sind *drinnen* und sehnen sich sehnsüchtig nach *draußen*, nach der Welt.« Helke Sander: »›Die Madonna mit der Kreissäge‹«, S. 54. Auch Edda und Dorothea im Eiscafé werden von draußen gefilmt, sie sitzen von Pflanzen und Schmetterlingen gerahmt – ein Terrarium, in dem sie sich nicht nur als *Edda* und *Dorothea* betrachten lassen, sondern auch als gesellschaftlich gestaltete Objekte: ebenfalls als »allgemeines Bild«, doch nicht als Symbiose. Sie sehnen sich weder hinaus noch irgendwohin, es reicht, dass sie hier gemeinsam ausgestellt werden. »Wir sehen, was passiert, wenn die Mutter zeigt, daß es ihr zuviel wird, daß sie die Kraft nicht mehr aufbringt, die Lüge und Liebe gleichermaßen erfordern« (ebd., S. 55), denn Edda bestellt der Tochter ein Eis nach dem anderen: »Soll sie sich doch den Magen verderben.« In ALICE IN DEN STÄDTEN (Wim Wenders, 1974) hält sich die Kamera nur kurz vor dem Terrarium auf, teilt sich dessen Inneres lange dann mit Alice und Philip. Denn wie ein Vater vorgeht, sobald das Kind ihm über den Kopf wächst, lässt sich noch nicht abstrahieren, muss aus nächster Nähe erst untersucht werden. Mit pampiger Fürsorge hatte der Aushilfs-Vater Philip die Quasi-Tochter mit einem Getränk statt mit Eiscreme abzuspeisen gehofft. Er scheitert, müsste noch viel lernen, macht stattdessen von seinem väterlichen Privileg Gebrauch, Alice einfach loszuwerden.

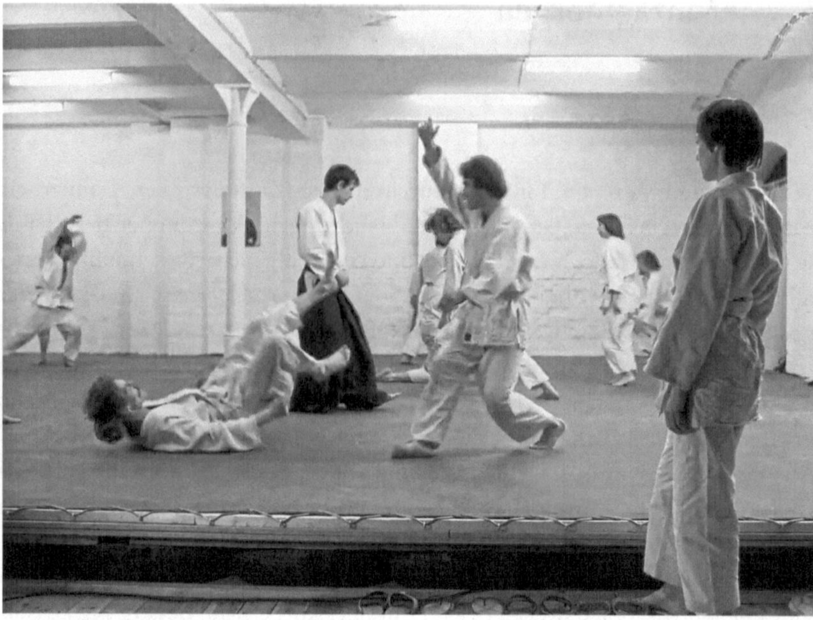

Abb. 13: Aikido-Film im Film

nebenan oder im Umfeld, existiert; zum andern [...] ein radikaleres Anderswo, außerhalb des homogenen Raums und der homogenen Zeit.«[106] In einem solchen Off befindet sich Edda hier: zwar im On des Films über ihr Leben, doch weit außerhalb des Aikido-Films. In beiden Filmen herrschen überlieferte Hierarchien und regeln repressive Rituale alles. Nur aus einem kann Edda sich entfernen, am anderen muss sie teilnehmen. Ein weiteres Projekt von Redupers ist nämlich, Edda in ihrem eigenen Leben sichtbar zu machen.

Ernährungsbewusstsein, Spiritualität und Sport, solche Alternativen zum politischen Widerstand hatten sich in den späten 1970er-Jahren in Berlin verbreitet – eine Entwicklung, die das Voiceover mit Spott andeutet. Edda isst wenig und wenn, dann hastig und kaum bewusst. Sie ist an materialistischen Analysen interessiert, und »narzisstische Körperlichkeit, überhaupt alle zeitraubende Eitelkeit geht ihr ab.«[107] Die halbherzige Beteiligung am Aikido liege weniger an stereotypisch weiblichen Reaktionen wie Schüchternheit und Passivität als am Widerwillen gegen jede körperlichen Aktivität, die nichts mit All-

106 Gilles Deleuze: *Das Bewegungs-Bild. Kino 1*, Frankfurt am Main 1997 (1989), S. 34.
107 Lenssen: »Die allseits reduzierte Persönlichkeit – Redupers«, S. 234.

tagsritualen und Arbeit zu tun hat.[108] Werner genießt das Privileg, ausschließlich am Privatleben interessiert und überzeugt sein zu dürfen, dass Edda schon geholfen sei, wenn sie nur an den Bedingungen teilhabe, die für ihn gelten. Im On und Off zugleich gefangen, beschließt sie, nicht mehr zum Aikido, sondern zu ihren eigenen Lösungen zurückzukehren. Als Gestalter seiner Freundin verliert Werner auf diese Weise seinen »Schwanz« – genau wie es Dorotheas Kinderbuch mit der Erzählung von einem schweiflosen Esel prophezeit hatte.

Aikidoka, bevor sie ein Dōjō betreten, ziehen ihre Schuhe aus, legen Schmuck ab, auch Armbanduhren, Kopfbedeckungen. Entledigen sich alles Irdischen, reduzieren sich auf das Gegenteil dessen, was Edda gegen Ende des Films auf der alles entscheidenden Kunstausstellung sein zu müssen annimmt: »präsentabel«, eindeutig »Frau«. Edda, während »sie ihren häuslichen Beschäftigungen nachgeht, ist sie lediglich angezogen.«[109] Als sie am nächsten Morgen übermüdet mit einem zunächst leichten, bald düsteren Marschlied aus dem Ost-Radio kollidiert, behält sie im Nachthemd immerhin jene Kontrolle, die ihr am Abend zuvor im ungewohnten Aikidogi, ihrem Trainingsanzug, abgegangen war, und die ihr, notdürftig zurechtgemacht, bei der Ausstellung am nächsten Abend abgehen wird. Im Nachthemd kann sie machen, was sie will: improvisierte Morgengymnastik statt archaischer Strukturen.[110] Ohne Begeisterung akzentuiert ihre zackige Tanzeinlage den Rhythmus und appropriiert die propagandistische Kritik des Liedes: Das kapitalistische Westberlin mag sich für »frei« halten, wird aber

108 Vgl. Mayne: »Female Narration, Women's Cinema«, S. 168.

109 Simone de Beauvoir: *Das andere Geschlecht*, Reinbek bei Hamburg 2000 (1949), S. 668.

110 Wenn Joe Gillis in SUNSET BOULEVARD (Billy Wilder, 1950) um den Swimming Pool der Stummfilm-Diva Norma Desmond herumstolziert, regeln Hollywoods strenge Moralvorgaben, dass allein Gillis' entblößter Oberkörper andeuten darf, dass die beiden miteinander geschlafen haben. Desmonds Körper selbst hätte dies in keiner Form kommunizieren dürfen. Wenn Werner Eddas Nachthemd zuknöpft, ihm sogar einen fehlenden Knopf annähen will, damit sich Edda nicht erkälte, wenn Werner also Edda als sexuelle Person »schließt«, so mag er zwar archetypisch »weibliche« und »mütterliche« Fürsorgeakte für sich reklamieren – aber auch das Prärogativ, mit seinem freien Oberkörper beider körperliche Intimität auszustellen, und jeden nur möglichen Ausdruck von Eddas Begehren zu verhindern. Solche in REDUPERS seltenen Einstellungen böten »an alternative to traditionally ›realist‹ image practices of melodrama and of romance that depend on spectators' identification with characters on-screen. We can thus conceive of ›reduction‹ in *Redupers* as a refusal to engage with the subjective totality implied by women's culture, which also ›reduces‹ the female spectator to the spheres of domesticity, romance, and motherhood. During the rare moments that *Redupers* gestures toward these aspects of Edda's life [...] they serve only to make their ›reduction‹ more acutely felt.« Hennessy: »Photography, Subjectivity, and the Politics of the Image from Helke Sander to Angela Schanelec«, S. 57.

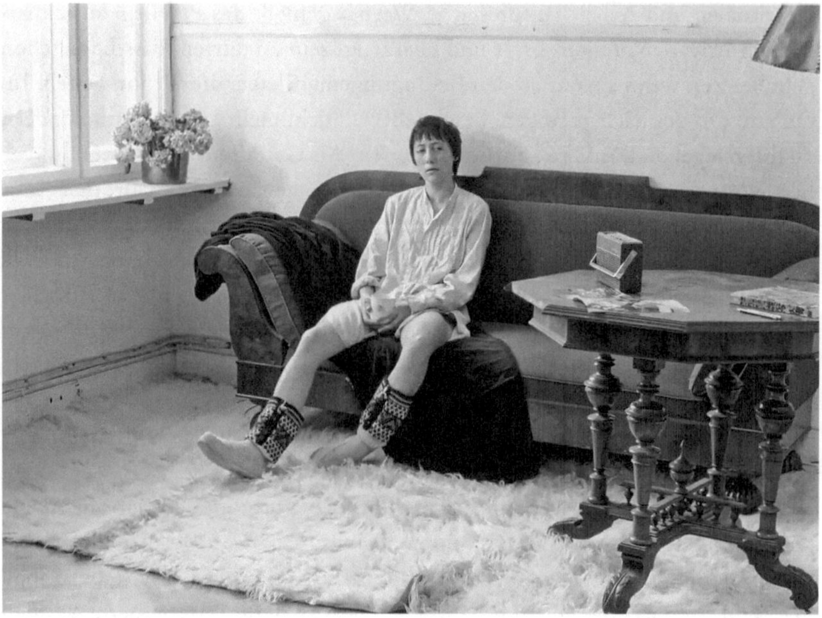

Abb. 14: Erschöpfung am Morgen

weder im kapitalistischen noch im sozialistischen Sinne jemals wirklich befreit sein, solange nicht alle in Berlin lebenden Menschen als Menschen befreit sind.

Die relative Freiheit der Privatsphäre endet, noch bevor Edda in ihre Arbeitssachen gewechselt ist: Ein Morgenmantel über dem Nachthemd markiert den Übergang in den Arbeitstag, Dorothea wird zur Schule verabschiedet. In Zivil beim Frühstück, eine Schürze verkündet den Arbeitsbeginn. Den restlichen Morgen bewegt sich Edda in der Wohnung mehrfach über die Mauer hin und her, hört unterwegs mal West-, mal Ost-Radio. Nach der Festrede zum Jubiläum eines ostdeutschen Frauenbundes ist Edda erstmals an diesem Morgen mit ihren Gedanken allein. Das Interesse an west-östlicher Tagesaktualität weicht der Hingabe an die Materialien. Bei der brutalen Choreografie an der Trockenmaschine sitzt jeder internalisierte Handgriff, verliert sich alle Restliebe für die kreative Arbeit: Der überspannte Rücken muss an der Maschine gewärmt werden. So weit die Fotografinnen mit ihrem Projekt gegangen sein mögen, die subjektiven Dimensionen solcher Arbeitstänze sind in ihren Fotos nicht zu sehen: der zermürbende Herstellungsprozess in der Isolation eines zum Werkplatz umfunktionierten Privatraums; ein Kind, das in die Schule muss, damit gearbeitet werden kann; Frühstück, Recherchen und Terminplanung bei brummender Waschma-

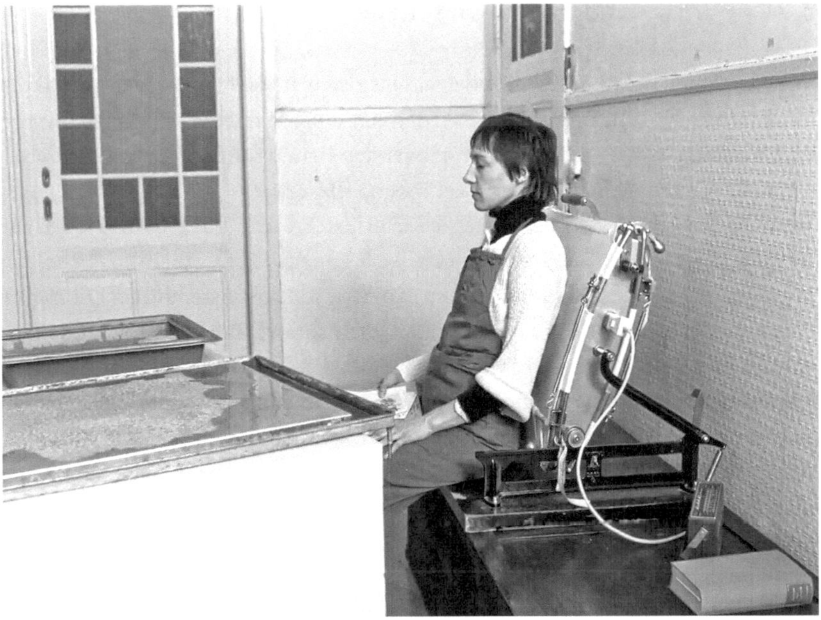

Abb. 15: Ende des Arbeitstanzes

schine; geschäftliche Telefonate am Gemeinschaftsapparat, Fotofilme trocknen im Badezimmer, und wenn Edda sachlich verlangt, dass man sie für bereits publizierte Arbeiten bezahle, wird sie mit dem Hass auf alle Frauen als »böse« abqualifiziert, die mit Unmut gegen die Gesetze eines öffentlichen Raumes verstoßen, in dem sie nichts verloren haben sollen, anstatt sie achselzuckend hinzunehmen und ihre Arbeit mit Ruhe, Routine und Hingabe zu erledigen, ohne sich zu wehren. Diesen Kampf kämpft Edda auch gegen Gleichgesinnte: »Because work in Redupers encompasses paid labor, artistic expression, and political action, the film repeatedly captures ambivalence around payment. For example, political activists ask Edda to contribute photos to a political magazine. Edda takes great pains to explain to them that she cannot afford to work for free. When the pair reveals that they would have liked to ask a famous, male photographer but did not because they assumed he would not work for free, Edda ends her conversation with them. The brief scene shows, somewhat didactically, that gender discrimination does not only consist of the structural organization of labor.«[111]

111 Barbara Mennel: »From Utopian Collectivity to Solitary Precarity: Thirty Years of Feminist Theory and the Cinema of Women's Work«, in: *Women in German Yearbook*, Jg. 30 (2014), S. 125–137, hier: S. 129.

5.2 »Wie es andere Frauen sehen«

Von der empirischen Helke Sander als Regisseurin oder von einer abstrakten inszenatorischen Autorität ist die Rede, von einer »presence of a single organising consciousness«,[112] wenn das Voiceover den Grund für sein Interesse an diesen Pflichtaufgaben mehr andeutet als erläutert: »Besessen vom Alltag«. Mit diesem Halbsatz berichtet es erstmals von sich selbst, steigt dann für eine einzige Szene aus Eddas Leben aus. Spätestens jetzt ist REDUPERS kein Spielfilm mehr, der atmosphärisch einen Dokumentarfilm evoziert, sondern Assemblage. Die meiste Zeit wird zwar eine relativ geradlinige Geschichte erzählt, von nun an jedoch muss damit gelebt und gerechnet werden, dass jeder narrative Block jederzeit unterbrochen, hinterfragt und subvertiert werden kann – dass die Illusion nicht zu retten ist. »Besessen vom Alltag«, erklärt die orchestrierende Instanz also ihre Motivation, gemahnt mit diesem Zwischenruf zugleich daran, dass sie mit diesem Film anstellen kann, was auch immer sie will. Sie gibt diese Macht dann sogleich wieder auf, räumt weiteren Perspektiven ihren Platz ein: »Wie es andere Frauen sehen.«

Die folgende »citation of women's cinema inspires another mise-en-scène, another scene, another representation of image and text.«[113] Drei Diskurse verschiedener Materialität begegnen und überlagern sich in der Collageszene als räumliche Arrangements dreier Formen der Subjektivität – als »formalized analogue of sorts to the previous sequence, in which Edda works on photographs and listens to the radio.«[114] Erstens ein Zeitungsausschnitt. Nüchtern beschreibt die linke Spalte die Atomenergie als imperialistisches Geschäft. Die rechte Spalte listet Atomunfälle. Der Artikel dient als Grundlage, zweitens, dreier Ausschnitte aus Filmen dreier anderer Regisseurinnen, einer nach dem anderen wird eingeblendet: Miniaturen verwandter Interventionen, mit denen die inszenatorische Autorität ihren eigenen Film solidarisiert. Zu hören ist in dieser Einstellung, drittens, das Voiceover. Es liest einen Brief einer Tante an Edda vor.

»(das ganze [sic] eine hommage an die autorinnen der drei filme und wohl auch an die montagemethode von godards ›*numéro 2*‹.)«.[115] NUMÉRO 2 (1975) beginnt und endet mit dem Regisseur, der an seinem noch ungeschnittenen Video verzweifelt. Immer wieder ist einer der beiden für die Schneidearbeit nötigen Videobildschirme als Bildschirm im Bild zu sehen, dann auch der andere, er wird

112 Butler: *Women's Cinema*, S. 83.
113 Mayne: *The Woman at the Keyhole*, S. 56.
114 Mayne: »Female Narration, Women's Cinema«, S. 166.
115 berg-ganschow: »wirklichkeit mit widerhaken«, S. 42.

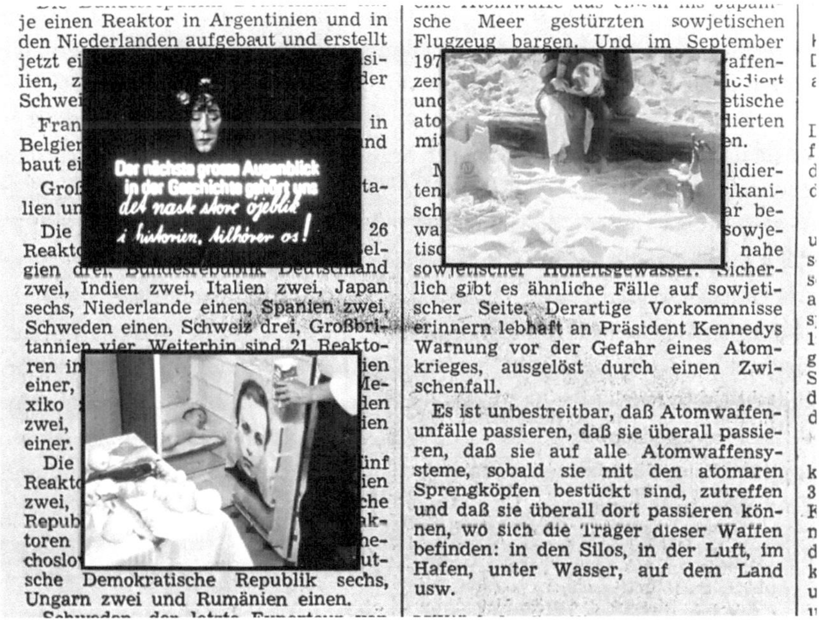

Abb. 16: »Wie es andere Frauen sehen.«

wieder ausgeblendet, so entstehen zahllose Möglichkeiten, in der Betrachtung beide Filmspuren zu verschiedensten narrativen Spuren zusammenzuschneiden: »There is succession as well as simultaneity in double projection«,[116] und Bedeutungen lassen sich in verschiedene horizontale, vertikale, auch diagonale Richtungen lesen und begreifen, die nie absolut sind. So zeige sich »Godard's desire to avoid being the one to produce meaning. […] When Godard shows two monitors, he makes one comment upon the other in a soft montage. I say ›soft montage‹ since what is at issue is a general relatedness, rather than a strict opposition or equation. Number Two does not predetermine how the two images are to be connected; we must build up the associations ourselves in an ongoing way as the film unfolds.«[117]

116 Harun Farocki: »Cross Influence / Soft Montage«, in: Antje Ehmann und Kodwo Eshun (Hrsg.): *Harun Farocki: Against What? Against Whom?*, Köln 2009, S. 69–74, hier: S. 70.

117 Harun Farocki und Kaja Silverman: »In Her Place«, in: dies.: *Speaking About Godard*, New York 1998, S. 141–169, hier: S. 142–144.

In Redupers befinden sich die drei Bildschirme im aktiven und urteilsfreien Schneideprozess des hinsehenden Publikums: »In this regard the cut of soft montage is synonymous with the conjunction ›and,‹ as multiple images are folded onto one another within the same spatial field, creating new configurations.«[118] Aus den kinematisch verarbeiteten Erfahrungen anderer Regisseurinnen entsteht ein multiperspektivischer Überblick, der weder hierarchisiert noch verwirft, sondern »subjectivity in the substantially altered terms of an intersubjectivity«[119] definiert, innerhalb derer die implizierte koordinierende Instanz von Redupers Anschluss sucht und findet. Unten rechts bleibt gerade genug Platz für einen hypothetischen vierten Bildschirm, für das subjektive Resultat dieser »productive synthesis«, die »refuses to adopt a classically oppositional relation to other discourses«.[120] Stattdessen sucht sie Gemeinsamkeiten und findet Trost und Inspiration in der Nähe zu anderen Alltagen, um mit dem Wissen um das Wissen weiterer Frauen eine widerständige Gemeinschaft in ein und demselben räumlichen Feld sanft zu montieren.

***

Von der semantischen Flexibilität dreier sanft ins Verhältnis montierter Filme ausgeschlossen sind Zeitungsartikel und Brief: hier trocken geschilderte Weltpolitik, dort vernakulare Darstellungen ehelicher Gewalt. Briefeschreiben sei ein vor-ästhetischer Bereich, der im 18. Jahrhundert Frauen den Zugang zur literarischen Produktion ermöglicht habe, wie die Malerei als Einstieg ins Fotografieren und Filmemachen gedient habe.[121] Eddas Berufsleben ist häufig eine Qual, doch die Enge ihrer Herkunft hat sie hinter sich gelassen. Sie verfügt über Fähigkeiten, die ihrer Familie vorenthalten sind, auch über Macht: Sie spricht Englisch, ist dem väterlichen Tabakladen entwachsen. Die Tante will ihr deshalb auf Wegen begegnen, die der Nichte eher zusagen müssen als das Briefeschreiben: »Du kannst uns immer anrufen, auch nachts.« Sie meint »mich«, schwächt ihre Bitte um Zusammenhalt mit familiären Anekdoten, lenkt von ihren Bedürfnissen ab. Wo auch immer sie der Nichte begegnet, begegnen will ihr die Tante unbedingt. Edda möge ihre Möglichkeiten nutzen, um für die Tante zu sprechen, wenn es sonst niemand tut, und ihrer neuen Welt die Gewalt der zurückgelassenen Welt

118 Nora M. Alter: »Two or Three Things I Know about Harun Farocki«, in: *October*, Jg. 35 (2015), H. 151, S. 151–158, hier: S. 151–152. Vgl. zu all dem im Detail Volker Pantenburg: *Farocki/Godard: Film as Theory*, Amsterdam 2015, S. 153–174.

119 Corrigan: *New German Film*, S. 123.

120 Silverman: »Helke Sander and the Will to Change«, S. 28.

121 Vgl. Mayne: »Female Narration, Women's Cinema«, S. 166.

anschaulich zu machen. Die Tante scheint nicht zu ahnen, dass Eddas Welt nach Verklärungen verlangt und dass auch Eddas Welt kein ausgewiesenes Interesse an »Frauenproblemen« hat – dass sie Edda bittet, sich zwischen bezahlter und unbezahlter Arbeit zu entscheiden.

★★★

Ein Ausschnitt aus Der Scharfrichter (Ursula Reuter Christiansen, 1973) wird oben links als erstes eingeblendet. Die schwangere Bewohnerin eines abgelegenen Bauernhauses im ländlichen Dänemark des Ersten Weltkriegs »performs the unnamed embodiment of a mythical eternal feminine: picking flowers in a field, wandering through the forest with a basket«,[122] kümmert sich um einen vom Weg abgekommenen Gefreiten buchstäblich wie um ein Neugeborenes und verkörpere die enorme Spannung zwischen Ursula Reuter Christiansens »commitment to the women's movement and her simultaneous love for and dependency on men – the eternal Gordian knot of feminism«.[123]

Die Lage ist komplizierter: Der Ehemann der Regisseurin habe nach der überstürzten Heirat 1969 nie auch nur »ein Geschirrtuch« angerührt oder eines der Kinder gehalten, wenn die Mutter mal auf die Toilette musste. Ähnlich Eddas Werner sind ihm Familie und Erziehung verantwortungsfreie Hobbies, der Frau bleiben wenige Optionen: die Familie verlassen, lesbischen Verführungen nachgehen, sich neu erfinden.[124] Indem es *diese* Form der Subjektivität vernichtet, gibt das Patriarchat der jungen Frau sodann die Möglichkeit zum Neuanfang. Drei seiner Repräsentanten heben ein Grab aus, es regnet symbolträchtigen Klatschmohn: »Und anschließend kann eine neue Frauenfigur zum Leben erweckt werden; eine weibliche Figur, die […] eine freie, diskursiv entfaltete und schöpferische Subjektivität darstellt«.[125] Wenn da nicht die Ehe wäre. Als eponymer Scharfrichter hat der Ehemann die phallische Axt immer zur Hand, ihn stört das verbliebene Selbstaktualisierungspotenzial der Frau. Mit dem abgetrennten

122 Kristian Vistrup Madsen: »Hiding in Plain Sight«, in: *Artforum* (10.4.2018), https://www.artforum.com/columns/kristian-vistrup-madsen-on-ursula-reuter-christiansens _the executioner_ 1971 238640/ [zuletzt aufgerufen am 6.3.2024].

123 Ebd.

124 Vgl. Marie Nørgaard Skadhauge: »›Jeg kan kun glæde mig over, at jeg ikke døde, før det skete‹: I en alder af 80 har hun opnået succes som aldrig før«, in: *Politiken* (13.2 2023), https://politiken.dk/navne/art9171033/I-en-alder-af-80-har-hun-opn%C3%A5et-succes-som-aldrig-f%C3%B8r. [zuletzt aufgerufen am 6.3.2024].

125 Dorte Elstrup: »Manden, valmuen, døden og seksualiteten – om Skarpretteren« (10.3.2018), https://pov.international/om-skarpretteren/ [zuletzt aufgerufen am 6.3.2024]. [Meine Übersetzung, K. V.]

Kopf am Scheunentor setzt die in REDUPERS zitierte Coda des Films ein: »Fasst Mut! Der nächste Augenblick in der Geschichte gehört uns.«[126]

***

Rechts oben ein Ausschnitt aus Yvonne Rainers FILM ABOUT A WOMAN WHO... (1974). Eine Kleinfamilie beim Strandbesuch: Sitzen, Liegen, Ballspiele im Sand, ein Picknick. Mehrfach gehen Mutter, Vater und Tochter, alle namenlos und als Typologien vom ausdruckslosen Voiceover nur mit Pronomen unterschieden, gleichzeitig von einer Pose in die nächste über, verharren gemeinsam in langer Stille, wollen Urlaubsschnappschüsse machen, sollen Familienglück demonstrieren, demonstrieren angespannte Künstlichkeit. Suchende Augen, zitternde Körperteile, sichtbares Getuschel, Seitenblicke beim Verharren, Haare im Wind – die Posen lassen sich lange genug nicht halten. Mutter, Vater, Tochter scheinen unsicher, ob sie das Richtige überhaupt tun, wenn sie als Familie posieren. Diese Pseudo-Standfotos »function to distance us from the narrative and to prevent the ordinary kind of identification.«[127] Alles im Film – Phrasen, Emotionen, Handeln – wirkt vertraut und stößt dennoch auf: Die Unprofessionalität der Darbietungen macht aus Figuren blasse Puppen, die nur einstehen für die Erfahrungen, die das von der Handlung vollkommen abgekoppelte Voiceover kommuniziert, sodass das Publikum zu unterscheiden gezwungen ist, ob es hier mit einer Performance oder mit der Realität zu tun hat oder mit verschiedenen Arten der Performance.[128] Solche Distanz erarbeitet der Film sich auch zwischen den Typen »Frau« und »Mann«: »The disjunctions between sound and image, between text and voice-over, correspond to the alienation separating ›he‹ und ›she,‹ to the contradictions between how ›she‹ feels and how ›she‹ acts.«[129] Zurückhaltend nämlich, kleinlaut oft, abwartend.

***

126 Zeitgenössisch ging diese Kampfansage unter: Als DER SCHARFRICHTER 1973 auf Helke Sanders und Claudia von Alemanns *1. Internationalem Frauenfilmseminar* aufgeführt wurde, kam es zu Unmutsäußerungen: »Dann riefen sie: ›Verdammt, Frau! Befreie dich! Gib ihm einen Tritt in den Arsch und hör auf zu jammern!‹. Sie wurden so sauer auf mich, weil ich resigniert, melancholisch und weinerlich war.« Brigitte Kjær: »Kunstprofessor Ursula Reuter Christiansen: Min film ›handler om kvindens fornedrelse og ophøjelse. Den er et opgør‹«, in: *Politiken* (7.2.2018), https://politiken.dk/kultur/art6328509/Min-film-%C2%BBhandler-om-kvindens-fornedrelse-og-oph%C3%B8jelse.-Den-er-et-opg%C3%B8r%C2%AB [zuletzt aufgerufen am 6.3.2024]. [Meine Übersetzung, K. V.]

127 E. Ann Kaplan: *Women & Film: Both Sides of the Camera*, New York 1988, S. 121–122.

128 Vgl. Butler: *Women's Cinema*, S. 83.

129 B. Ruby Rich, »Yvonne Rainer: An Introduction«, in: Yvonne Rainer: *The Films of Yvonne Rainer*, Bloomington 1989, S. 1–23, hier: S. 9.

Auf dem dritten Bildschirm Valie Exports Unsichtbare Gegner (1977). Helke Sander hat ein Cameo in diesem Film, sie berichtet vom eigenen politischen Werdegang: »Womit ich überhaupt nicht klarkam, ist der Begriff der natürlichen Arbeitsteilung«, den Peter (Peter Weibel) genauso voraussetzt wie die meisten Männer im erweiterten feministischen Kino der Zeit. Valie Export deutet das systematische Gaslighting von Frauen nicht nur an, die an der Wahrhaftigkeit ihrer gesellschaftlich zugewiesenen Position zweifeln, sondern findet für solche »Paranoia« das satirische Bild einer Invasion von Außerirdischen, die sich die Stadt Wien und aller Körper darin zu eigen machen. Peter scheinen Annas Kritik, Politik und Bedürfnisse, ihm scheint auch Annas Analyse seiner eigenen Rolle kaum weniger absurd vorzukommen als der Plot eines Science-Fiction-Films. Aus ihrer eigenen Wahrnehmung verdrängt, verliert Anna (Susanne Widl) das Vertrauen in sich selbst, erleidet einen totalen Identitätsverlust.

Parallelen zwischen Unsichtbare Gegner und Redupers gibt es viele: Kamerafahrten, geschichtete Radiomeldungen, in beiden Filmen wird die Umwälzung der alten Stadt in die Metropole der Zukunft fotografisch festgehalten. Beide Hauptfiguren sind prekäre Fotografinnen, die an dokumentarischen Projekten arbeiten. Beide entwickeln ihre Fotos im Heimlabor, beider Fotos werden in den Film geschnitten. Weil sich Annas Motive ihrer Kamera konsequent entziehen, suggeriere der Film, »that the project of mastering the world through the photographic eye is, for the most part, a futile one, and that gives rise to a variety of retaliations from the field of vision.«[130] In der in Redupers zitierten Szene arrangiert Anna Einkäufe auf dem Küchentisch und stellt mit Entsetzen fest, dass die besorgten Fische noch leben, eine Ratte über den Tisch eilt, der Wellensittich umherflattert, ein Baby im Kühlschrank liegt. Mit dem Küchenmesser wehrt sie sich gegen die auf sie eindringende Welt.

***

Wie sehen es also andere Frauen? Wie ergeht es anderen Regisseurinnen bei ihrer Reflektion des Alltags? Formal ist vieles anders als bei Helke Sander. Redupers sucht, erstens, seine Mittel in schnörkelloser, metaphernfreier Alltagsanalyse. Der Scharfrichter findet sie in Mythen, Symbolen und Allusionen, in rauschenden Märchenbildern. Redupers erzählt, zweitens, bedächtig, elliptisch, überlässt dem Publikum einen Großteil der Arbeit. Resoluter löst Yvonne Rainer die herkömmlichen Elemente ihres Films – identifizierbare Figuren, Hand-

130 Homay King: »Vision and Its Discontents: Valie Export's Invisible Adversaries«, in: *Discourse*, Jg. 22 (2000), H. 2, S. 25–45, hier: S. 31.

lungsstränge, eine Erzählerin, generische Themen – von vertrauten narrativen Strukturen.[131] Drittens ringt Edda – anders als Anna – nicht mit Derbheiten oder surrealen Elementen und unheimlichen, expliziten Bildern, sondern mit eindeutigen Opponenten. Sie braucht kein Messer, greift auf vergleichsweise dezentere Mittel zurück, um sich zu wehren: Komik, Sarkasmus, Bestimmheit.

Inhaltlich gibt es viele Überschneidungen. Die weiblichen Hauptfiguren aller vier Filme werden zunächst dazu getrieben, an ihrer Wahrnehmung zu zweifeln, an ihrem Urteilsvermögen, und alle beginnen, für ihre Perspektive zu kämpfen. Allen vieren wird nach und nach »die vermeintlich offizielle, objektive realität individuell fassbar […] in der authentischen erfahrung.«[132] Der Scharfrichter, der in den späten 1910er-Jahren spielt, also während des europäischen Manifest-Fiebers, kulminiert in einer politisch-ästhetischen Proklamation, die den Film nachträglich in die Avantgarden einschreibt. Mit Anmaßung, Trotz und Übermut hatten diese eine Autorität für sich reklamiert, die ihnen erst heute zukommt, da sie kanonisiert und musealisiert sind. Die Familie bei Yvonne Rainer kann ihre Posen nicht halten, doch im Urlaubsfoto, das keines ist, wirkt sie bei aller Anstrengung ähnlich gesammelt wie Edda mit Freund und Tochter auf einem Ausflugsschnappschuss, der in einer Einstellung über Dorotheas Bett hängt. Am Ende genügt es der Frau in Film about A Woman Who…, die Wahrheit über ihre Gefühle zu kennen, schwer fassbare Emotionen für sich also katalogisieren zu können, ganz unabhängig von jeder »objektiven« Sanktionierung. Unsichtbare Gegner schließlich mache »die säuberliche, klinische trennung zwischen objektiver, normaler umwelt und projektion auch ästhetisch nicht mehr mit. […] vielmehr besteht die ästhetik des films gerade darin, daß er die verschiedenen ebenen ineinanderverwebt.«[133] Aus diesem Gemenge kann Anna sich nicht befreien.[134]

Die Collage verbündet sich also mit den drei zitierten Filmen. Die Bildschirme reminiszieren die mobile Plakatwand der Fotografinnengruppe und damit den gescheiterten Versuch aller Heldinnen dieser vier Filme, ihre »vermeintlich subjektiven Erfahrungen durch die Konfrontation mit der vermeintlich objektiven

131 Vgl. Siona Wilson: »Structures of Feeling: Yvonne Rainer 1974«, in: *October*, Jg. 35 (2015), H. 152, S. 3–25, hier: S. 11.

132 berg-ganschow: »wirklichkeit mit widerhaken«, S. 43. Von Redupers ist die Rede, von allen vier Filmen könnte die Rede sein.

133 gertrud koch: »zu valie exports film unsichtbare gegner«, in: *frauen und film*, Jg. 4 (1977), H. 13, S. 6–11, hier: S. 9.

134 Ganz am Ende gelingt dies jedoch einem Paratext: Der Produktionsprozess des Films als narrativer Rahmen, das Filmen also an sich, behauptet sich gegen die äußere Realität, als die Details des Abspanns – Darsteller:innen, Regie, Assistenz etc. – die Schlagzeilen einer Tageszeitung ersetzen, künstlerisches Handeln an die Stelle »objektiver« Weltnachrichten tritt.

Realität zu objektivieren«.[135] Die Collage sucht dieses Scheitern zu rächen, wenn sie den drei alliierten Bildschirm-Plakattafeln dazu verhilft, mit ihren Erfahrungen für einen kurzen Moment eine Tageszeitung zu überlagern, die randvoll mit großen »objektiven« Geschichten ist. Als die Bildschirme ausgeblendet werden, bleibt die Zeitung zurück, sie scheint zu siegen. Der freie Raum rechts unten wurde nie definiert – die Möglichkeit einer vierten, einer synthetisierten und widerständigen Perspektive als Resultat der solidarischen *soft montage* bleibt bestehen, sei es auch nur als Hoffnung.

5.3 »Let's see what you got!«

In der ersten Hälfte des Films tritt Edda häufig als und mit Autorität auf. Nicht alles funktioniert, aber sie setzt sich durch und weiß, was zu tun ist. Erst seit dem enttäuschenden Vorhang-Projekt zeigt diese Souveränität Kratzer: der Aikido-Abend, die Erschöpfung am nächsten Morgen, entgangene Einnahmen. Deutlicher wird jetzt und ausdrücklicher gezeigt, wie sehr Eddas Arbeit und Verdienst von Männern in Machtpositionen abhängen. Dies gilt weniger bei dem Treffen mit einem Werber, zu dem Edda mit einer der anderen Frauen erscheint. Er ist ihnen wohlgesonnen, weiß jedoch nicht zu helfen. Ähnlich unflexibel ist die Kamera: In der Großaufnahme ist nur der Geschäftsmann zu sehen, die Fotografinnen sprechen unsichtbar.

Die folgenden Einstellungen evozieren ein Paradebeispiel des von Laura Mulvey so einflussreich definierten männlichen Kinoblicks: BLONDE VENUS (Josef von Sternberg, 1932).[136] In einer zentralen Szene stellt sich eine Hausfrau beim Betreiber eines Tanzlokals vor, sie muss dringend dazuverdienen. Die Kamera ist mit dem Mann identifiziert, er ist als einziger aktiv in dieser Szene, er redet als einziger, sieht als einziger, darf als einziger begehren: »Let's see what you got!« Helen steht mit dem Rücken zur Kamera. Verborgen bleibt, was sie offenbart, als

135 Zutavern: *Politik des Bewegungsfilms*, S. 192.

136 Mulvey: »Visuelle Lust und narratives Kino«, S. 55: »In einer Welt, die von sexueller Ungleichheit bestimmt ist, wird die Lust am Schauen in aktiv / männlich und passiv / weiblich geteilt. Der bestimmende männliche Blick projiziert seine Phantasie auf die weibliche Gestalt, die dementsprechend geformt wird. In der Frauen zugeschriebenen exhibitionistischen Rolle warden sie gleichzeitig angesehen und zur zur Schau gestellt, ihre Erscheinung ist auf starke visuelle und erotische Ausstrahlung zugeschnitten, man könnte sagen, sie konnotieren ›Angesehen-werden-Wollen‹ [*to-be-looked-at-ness*].«

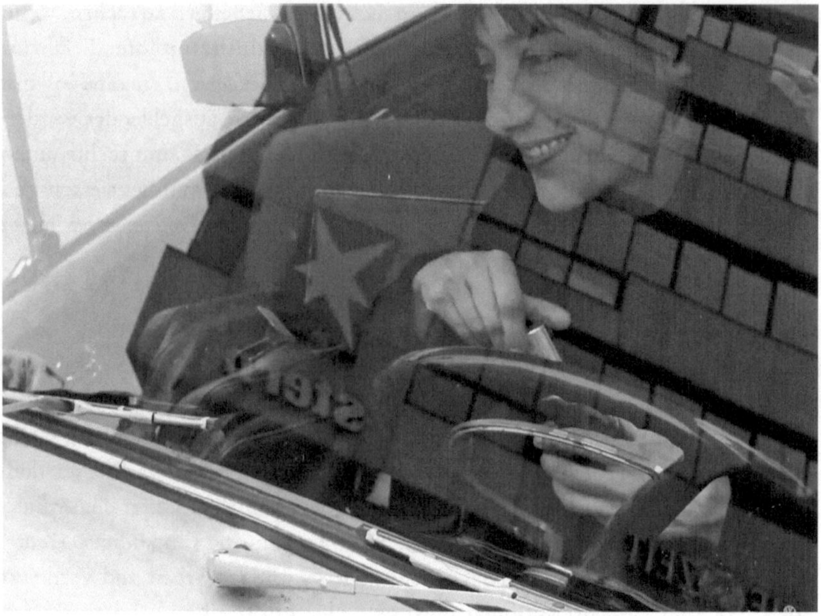

Abb. 17: Performance der *to-be-looked-at-ness*

sie ihr Kleid hebt, und verborgen bleibt, wie es ihr dabei geht. Die erfreute Reaktion des Mannes diktiert, was das Publikum von dieser Entblößung zu halten hat.

Zu ihrem nächsten Termin ist Edda allein unterwegs. Im Auto bereitet sie sich auf das Gespräch mit einem Redakteur der Zeitschrift *Stern* vor, von dem sie sich Aufmerksamkeit für die Projekte der Fotografinnen erhofft. In der Windschutzscheibe spiegelt sich das Bürogebäude mit dem Signet der Illustrierten, auf dem Beifahrersitz landet es auf Eddas Mappe – ihre gesamte Arbeit unterliegt an diesem Tag dem Wohlwollen des Magazins. Sie trägt hier Lippenstift auf, das selten verwendete Parfum verschwindet gleich nach Applikation wieder in der Schachtel. »Traditionally, the woman displayed has functioned on two levels: as erotic object for the characters within the screen story, and as erotic object for the spectator within the auditorium, with a shifting tension between the looks on either side of the screen.«[137] Wenn ihr jetzt ein Passant aus dem Off einen jener goutierenden Blicke zuwirft, die Edda im Film ansonsten ignoriert oder nicht bemerkt, so scheint sie diesen nicht ungern entgegenzunehmen – oder hat sich längst darauf eingestellt, dass es oft leichter ist, unverlangtes männliches Wohlwollen nicht

137 Ebd.

offen abzulehnen. Bislang sind Männer in REDUPERS allenfalls symbolisch präsent, kaum eine Einstellung kommt ohne Edda oder ihre Perspektive im Zentrum der Mise-en-scène aus. Auch hier wird der in BLONDE VENUS noch unübersehbar glotzende Mann ins Off verbannt. Dafür ist zu sehen, was in BLONDE VENUS noch verborgen war: die Reaktion der Frau und in dieser Reaktion alles das, was vom vermutlich männlichen Blick im Off zu halten ist. Edda lächelt kurz, zuckt mit den Achseln, mag zwar ihre kinematische *to-be-looked-at-ness* hier performen, womöglich gar für das anstehende wichtige Gespräch üben, doch kehrt sogleich zu sich zurück und zu allem sonst, das wichtiger ist als dieser eine Mann. Eddas Urteil über ihre Begutachtung gilt – dieser männliche Blick existiert nur in und aufgrund von Eddas Urteil. Ein eigenes soll sich das Publikum von ihm nicht machen müssen.

Eddas kurze Herrschaft über den Blick wird nicht anhalten. Wenn sie es jetzt häufiger mit Männern in Machtpositionen zu tun bekommt, kehrt ihre Objektivierung zurück ins Zentrum des Films. Schon im STERN-Büro wird sie wieder zeigen müssen, »was sie hat«. In schwarzer, unförmiger Kleidung schwebt sie durch weiße, glatte Flure, hier gehört sie nicht hin. Im Büro ist die Kamera zwei Minuten lang auf den *Stern*-Redakteur fixiert. Zum ersten Mal überhaupt im Film rutscht eine, zumal als einzige sprechende Edda aus dem Kader heraus, wird sprechend erstmals nicht vom Publikum gesehen, sondern sitzt im Blick des Redakteurs gefangen – im Off.

Von dort aus spricht sie direkt, konzentriert, gewinnend. Zwei Minuten lang jedoch wird Edda – wie in BLONDE VENUS – ausschließlich durch den Redakteur vermittelt betrachtet, ihre eigene Perspektive bleibt abwesend: Der Redakteur hört aufmerksam zu, am Fenster raucht er, runzelt herablassend die Stirn. Ein Grinsen bei Eddas kritischer Bemerkung über die Halbherzigkeit der FDP-Frauengruppe, und hier beginnt sein kurzer Gang zum Schreibtisch. Aus Erfahrung geht Edda über den Höhepunkt seiner Geringschätzung hinweg, als er sich erkundigt, ob die Fotografinnen denn ein Konzept hätten oder nur vor sich hin fotografierten.

»The power to subject another person to the will sadistically or to the gaze voyeuristically is [im Erzählkino, K. V.] turned on to the woman as the object of both.«[138] Der Voyeur lebt davon und dafür, nicht erkannt zu werden, er will ungesehen sehen. Der Sadist hingegen genießt, dass Edda seine Grausamkeiten über sich ergehen lassen und ihm dabei zusehen muss, wie er genüsslich sie nicht aus den Augen lässt. Die Kamera schneidet erst zu Edda, als der Redakteur end-

138 Ebd., S. 15.

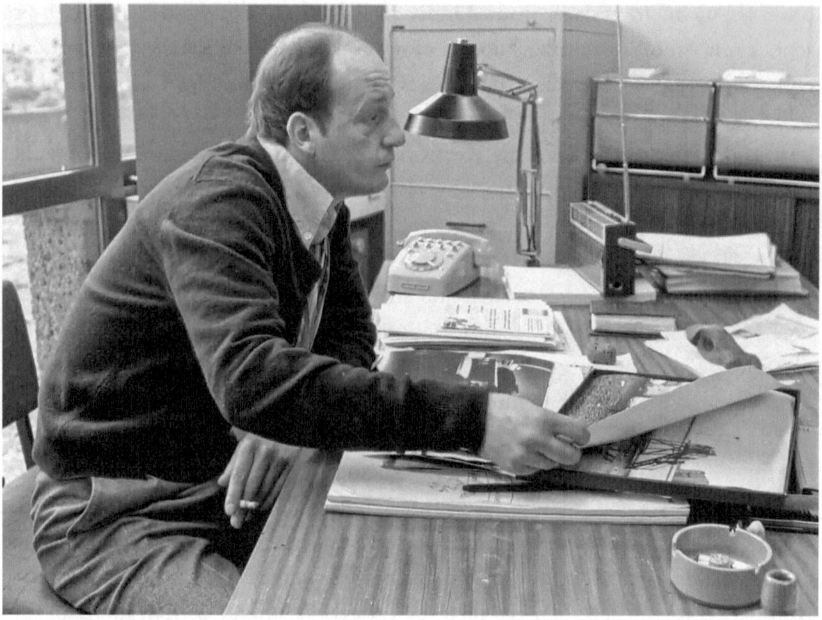

Abb. 18: »Wie ich hieran sehe, haben Sie sich auch voll der Emanzipation verschrieben.«

lich über die Fotos zu sprechen ansetzt, anstatt mit Lauten und Grimassen seine Eindrücke nur anzudeuten. Ausdrücklich formuliert er dabei seine Unfähigkeit, wirklich hinzusehen, nämlich seine Überraschung, dass »Frauen aus der Frauenbewegung« auch an größeren Zusammenhängen interessiert sein könnten, anstatt lediglich an »Frauenthemen«. Die Kamera bleibt bei der gequält schmunzelnden Edda, jetzt wird sie aus dem Redakteursblick befreit, und nun endlich – wenn auch nur kurz – rutscht der Redakteur ins Off, ist ausschließlich durch Edda zu sehen. Zwei Minuten lang war ihm zuvor all jene Aufmerksamkeit zuteil geworden, die ihm gesellschaftlich zukommt. Tatsächlich hatte die Kamera ihn dabei als Voyeur seziert, zugleich auch ihn zu zeigen gezwungen, »was er hat« – Arroganz, Unverständnis, Ekel geradezu. So urteilt Edda über ihn, und mit ihr kann diesmal auch das Publikum urteilen: »Wie ich hieran sehe, haben Sie sich auch voll der Emanzipation verschrieben.« Entweder knappe Analyse eines arg limitierten Verständnisses von feministischer Arbeit. Oder Kritik der Selbstverständlichkeit, mit der der Redakteur sich seinen Kaffee von einer Sekretärin servieren lässt.

Erneut wird Edda nicht lange über den Blick herrschen. Als die Kamera hinter ihre linke Schulter springt und der Redakteur[139] sich weiter unverbindlich bis desinteressiert gibt, sitzt er im Licht vorm großen Fenster, von seinem Schreibtisch gerahmt, geschützt. Edda mischt sich in ihrer dunklen Ecke in die Schatten, muss sich vorwerfen lassen, dass sie mit ihrem Projekt lediglich ihr eigenes Prestige verbessern wolle. Mit solchen institutionellen Zweifeln an ihren Motiven und an der Dringlichkeit ihres Anliegens geht ihr das letzte bisschen Handlungsfähigkeit verloren und nahezu alle Mobilität. Von nun an wird sie in keiner Form mehr mit oder in einem Auto unterwegs sein, nach Hause kehrt sie zu Fuß zurück. Am Wohnungsfenster scheint Dorothea bereits zu ahnen, dass dieser Tag doch nicht so gut geworden ist wie vereinbart.

139 Der Darsteller Joachim Baumann wird in Helke Sanders nächstem Film Der subjektive Faktor (1981) eine Version dieser Rolle wiederaufleben lassen, wenn er als schmieriger Sensationsreporter die linke Groß-WG der Hauptfigur infiltriert.

6. Montagabend

Zu Fuß taucht Edda im Anschluss an die letzte Radiomeldung des Films – sie lauscht in ihrer Küche, schneidet Schnittlauch – ganz zwangsläufig in den öffentlichen Raum ein, anstatt ihn nur zu rezipieren, nur an ihm vorüberzugleiten: Zu Fuß geht es am Grenzübergang Bornholmer Straße zum Treffen mit der Ostberliner Tante, zu Fuß durch den heimischen Kiez. Endlich gewinnt die Stadt an Tiefe und Edda in ihr an Präsenz. Etwas ändert sich: Zu Fuß geht es auch zu einer »Kunstausstellung«, um hier bei Repräsentant:innen aus Presse, Kultur, Justizwesen und Politik Rat einzuholen, wie die Gruppe mit dem Fotoprojekt umgehen soll. Es handelt sich bei der Ausstellung um *Künstlerinnen international 1877–1977*, die am 8. März 1977 eröffnet wurde und bis in den April hinein an drei Orten in Berlin zu sehen war, unter anderem in der altehrwürdigen Orangerie des Schlosses Charlottenburg, wo auch diese Szene spielt: »Die Ausstellung, die von einer Gruppe von Frauen in der NGBK seit drei Jahren vorbereitet wurde, wird zeigen die tatsächliche Stellung von Künstlerinnen in der Kunst und Gesellschaft der letzten hundert Jahre. In der Ausstellung werden vertreten sein die Arbeiten von ca. 190 Künstlerinnen – Gemälde, Zeichnungen, Graphik, Skulpturen und Textilien, wie auch Photographie, Film, Video, Performance und andere Aktionen. Zum ersten Mal werden Künstlerinnen in diesem Umfang und in diesem Zusammenhang gezeigt.«[140]

Das verantwortliche Kuratorinnen-Kollektiv hatte Arbeiten aus aller Welt zusammengetragen, auch von Georgia O'Keefe, Diane Arbus, auch von Frida Kahlo und Louise Bourgeois, die hier noch vor ihrem internationalen Ruhm gewürdigt wurden. Die Ausstellung war die erste, »die in Deutschland an die Künstlerinnen-Ausstellungen der 1920er und 1930er anschloss und bemüht war, über die Historisierung einer Künstlerinnen-Tradition die Brücke zu Vertreterinnen der Gegenwartskunst zu schlagen.«[141] Das Resultat stand im Kontrast »zu der

140 https://archiv.ngbk.de/projekte/kuenstlerinnen-international-1877-1977/ [zuletzt aufgerufen am 6.3.2024]. Über den Zusammenhang zwischen einer Orangerie als Veranstaltungsort *dieser* Ausstellung sowie als Ort, an dem historisch Orangen und andere Obstbäume während langer europäischer Winter gepflegt wurden, und der oben geschilderten Bedeutungsgeschichte der Orange sowohl im Hollywood-Kino als auch in Redupers lässt sich nur spekulieren.

141 Renate Buschmann: »Wann ist der Künstler eine Frau? Konzeption und Kontroversen um die Ausstellung Künstlerinnen international 1877–1977«, in: Leonie Baumann (Hrsg.): *Neue Gesellschaft für Bildende Kunst – 40 Jahre*, Berlin 2009, S. 171–188, hier: S. 185.

in den 1970er Jahren mangelhaften, bisweilen völlig fehlenden öffentlichen Darstellung von Künstlerinnen in Museen und Galerien, und [die Kuratorinnen] demontierten damit den Irrtum einer nicht existenten weiblichen Kunstproduktion.«[142] Weniger sei es also um eine teleologische Übersicht gegangen als darum, »den Kanon der Kunstgeschichtsschreibung als kohärente und abgeschlossene Erzählung zu dekonstruieren.«[143] Dieser Spagat zwischen den Positionen, Epochen und Ausstellungsorten sollte den Kuratorinnen aus verschiedenen Richtungen vorgeworfen werden: Die Schau sei essenzialistisch, deshalb künstlerisch und politisch belanglos. Oder essenzialistisch, trotzdem künstlerisch wertvoll, dafür politisch irrelevant, weil die Arbeiten nicht danach ausgesucht wurden, ob sie nun ausdrücklich oder versehentlich oder überhaupt feministisch waren. Und so weiter: »Ich habe das misogyne Schmähgebrüll noch im Ohr ebenso wie das der schrillen Fundamentalfeministinnen.«[144] Es kam zu Protesten, die der Ausstellung genauso schnell eine gewisse Notorietät verliehen, wie sie im Anschluss vergessen wurde: »When art is seen and communicated, that creates a different space that picks up a tradition and passes it on. Our exhibition created such a space – but nothing was passed on. Before long, everyone stopped talking about it, even women. Strange. Positively uncanny, in fact, since it seems to affirm the history of women's historylessness. It's like the hiccups; there's nothing you can do about it.«[145]

***

Vermeintliche »Frauenthemen« sind in Redupers rar: ein Radiobeitrag über den Frauenverband der DDR, eine Demonstration gegen den Abtreibungsparagrafen. Redupers wird, wie angedeutet, zu einem feministischen Film nicht durch ein theoretisches Fundament. Sondern weil der Film sieht und zeigt, was historisch und gesellschaftlich nicht gesehen oder gezeigt wird – das alltägliche Leben und Überleben einer Frau, der das Leben systematisch erschwert wird, sobald sie

142 Ebd., S. 173.

143 Marie van Bömmel: »Vergessene Pionierinnen? Die Ausstellung *Künstlerinnen international 1877–1977* als historiografische Intervention und Inspiration«, in: *Gender*, Jg. 15 (2023), H. 3, S. 40–54, hier: S. 41.

144 Silvia Bovenschen: *Sarahs Gesetz*, Frankfurt am Main 2015, S. 74. Für eine ausführliche Darstellung der Positionen zur und gegen die Ausstellung vgl. Monika Kaiser: *Neubesetzungen des Kunst-Raumes: Feministische Kunstausstellungen und ihre Räume, 1972–1987*, Bielefeld 2013, S. 138–159.

145 Michaela Melián, Sarah Schumann und Silvia Bovenschen: »Künstlerinnen International«, in: *Frieze d/e* (29.3.2013), https://www.frieze.com/article/k%C3%BCnstler innen-international [zuletzt aufgerufen am 6.3.2024]. Es gebe eine »bemerkenswerte Differenz zwischen der Intensität des öffentlichen Interesses an der Ausstellung um 1977 und der Indifferenz, mit welcher ihr im Jahr 2023 begegnet wird.« Van Bömmel: »Vergessene Pionierinnen?«, S. 42.

kritisch über anderes als »Privates« nachdenkt. Edda denkt natürlich politisch, und wahrscheinlich würde sie die Ausstellung privat interessieren. Doch sie ist keine Aktivistin, die meisten Menschen sind keine Aktivist:innen, und wie die meisten Menschen hätte sie wohl kaum die Zeit, eine beliebige Ausstellung aus rein politischem Interesse zu besuchen. Aus beruflichen Gründen muss sie hingehen. Das Medienereignis *Künstlerinnen international* spielt im Film keine Rolle. Für Edda ist die Ausstellung nicht mehr als eine »Kunstausstellung«, an diesem Abend Arbeitsplatz.[146] Ein ausdrücklicher Besuch der Ausstellung hätte im Frühjahr 1977 aus einem Film über eine Problemlage, die mit einer einzelnen Frau weder beginnt noch endet, sondern eine Gesellschaft angeht, einen Film über die Ausstellung *Künstlerinnen international* gemacht und aus Eddas Leben ein Leben, das sich als Nischenleben hätte abkanzeln lassen. Dennoch: Latent oder nicht, die Geschichte und Geschichten der Ausstellung und die aller anderen ungenannten Oberflächen (Straßen, Plätze, Viertel) im Film sind präsent – und sie bedeuten, sobald sie sich erkennen lassen.

17 Arbeiten von zehn Künstlerinnen lassen sich im Film identifizieren. Drei der zehn waren in den 1970er-Jahren aktiv, eine arbeitete rund um den Zweiten Weltkrieg. Die anderen sechs können an verschiedenen Punkten ihrer Karriere der Neuen Sachlichkeit zugerechnet werden. Dreien – Anita Rée, Hella Jacobs, Elfriede Lohse-Wächtler – entzogen die Deutschen nach 1933 die Existenzberechtigung. Von ihnen erlebte nur Hella Jacobs das Ende des Nationalsozialismus. Drei andere – Gerta Overbeck, Hanna Nagel, Gabriele Münter – zogen sich in die innere Emigration zurück. Fünf dieser sechs wurden nach 1945 gar nicht mehr und Gabriele Münter wurde nur wenig rezipiert, bevor alle sechs für *Künstlerinnen international* wiederentdeckt wurden, sofort in die Versenkung zurückkehrten und sich ihnen die Forschung seit den 1980er-Jahren mit jeweils unterschiedlichem Elan erneut zugewandt hat. Auf sieben der gut 200 Künstlerinnen in der Ausstellung lässt sich dieses biografische Rezeptionsmodell anwenden, und Arbeiten von sechs dieser sieben sind im Film zu sehen.[147] Diese

146 Das gilt freilich auch für Helke Sander, die zum Arbeiten, also Filmen in die Orangerie gekommen ist. Darüber hinaus war sie der Ausstellung durch Bekannt- und Freundschaften im engeren und erweiterten Kreis der Kuratorinnen verbunden und bei der Vernissage anwesend. Vgl. Abisag Tüllmanns Fotografien von den Aufbauarbeiten und vom Eröffnungsabend in: https://bpk-archive.de/tuellmann/ [zuletzt aufgerufen am 6.3.2024].

147 Grethe Jürgens fehlt im Film. Ihr Name ist allerdings nur im biografischen Teil des Ausstellungskatalogs vertreten, nicht im im Werkverzeichnis, das nur manchen der Kataloge provisorisch beigefügt wurde – eine »Nachlässigkeit«, die der prekären Arbeit an Ausstellung und Katalog geschuldet sein mag. Vgl. Arbeitsgruppe Frauen in der Kunst: *Künstlerinnen international*, S. 167.

Häufung ist bemerkenswert, aber mehr wohl auch nicht. Um allzu forcierte Vergleiche des Films mit den Stilkriterien der Neuen Sachlichkeit zu vermeiden, soll sie hier nicht überschätzt werden. Angeführt sei lediglich Siegfried Kracauers vielzitierter Zorn auf die Neue Sachlichkeit, die mit ihrer Begeisterung für die Oberflächen der Zeit »einen Zustand der Lähmung [kennzeichnete]. Zynismus, Resignation, Desillusion, alle diese Tendenzen weisen auf eine Mentalität, die sich jedem Engagement verweigert. Das Hauptmerkmal der Neuen Sachlichkeit ist die Weigerung, Fragen zu stellen, Stellung zu beziehen. Die Wirklichkeit wird nicht dargestellt, um Tatsachen ihre Bedeutung zu entlocken, sondern um alle Bedeutungen in einem Ozean von Tatsachen zu ertränken«.[148]

Nicht mehr als zeigen wollen, ohne Interesse an tiefergehenden Analysen. – In Redupers müht sich die Kamera lange an den Tatsachen der unzugänglichen Stadt ab, ohne in ihr einen Platz zu finden. Die Auseinandersetzung mit einigen solchen Oberflächen hat hier bislang zeigen sollen, dass und inwiefern sie sich zur Handlung verhalten, zu Edda. Das gilt auch für die meisten im Film sichtbaren Kunstwerke, die zunächst nur (neu)sachliche Oberflächen zu sein scheinen. Tatsächlich äußern sich manche der Arbeiten zum Geschehen, andere kommentieren oder reflektieren, wie sich die Frauen in ihren Gesprächen fühlen und verhalten, auch wie mit ihnen umgegangen wird. *Künstlerinnen international 1877–1977* wurde in erster Linie als Ausstellung mit Kunst von Frauen konzipiert. In Redupers wird sie ganz neu gedacht – aus der Ausstellung als Oberfläche werden in dieser Szene 17 Exponate, die (mit einer Ausnahme) nicht nur visueller Hintergrund für die Gespräche an diesem Abend sind, sondern auch als ihr theoretisches, analytisches, politisches Fundament dienen. Als solches erklären, kritisieren, kontextualisieren 16 der Arbeiten, was in dieser Szene geschieht. Sie üben sich in Solidarität mit den Fotografinnen, entwickeln auch Visionen, wie ihnen zu helfen sei, wie sie sich selbst helfen können.

6.1 Ein Brief an die Welt

Sigmund Freud 1933: »Über das Rätsel der Weiblichkeit haben die Menschen zu allen Zeiten gegrübelt: [...] Auch Sie werden sich von diesem Grübeln nicht ausgeschlossen haben, insoferne Sie Männer sind; von den Frauen unter Ihnen erwartet man es nicht, sie sind selbst dieses Rätsel.«[149] Die feministische Film-

148 Siegfried Kracauer: *Von Caligari zu Hitler*, Frankfurt am Main 1995 (1947), S. 174–175.

149 Sigmund Freud: »Die Weiblichkeit«, in: ders: *Neue Folge der Vorlesungen zur Einführung in die Psychoanalyse*, Frankfurt am Main 1990 (1933), S. 119–145, hier: S. 120.

theorie der 1970er-Jahre rund um den Publikumsblick im Kino greift diese Gedanken gelegentlich auf, wenn sie diese angeblich so enigmatische »Weiblichkeit« im Zentrum des gesellschaftlichen, historischen, schließlich kinematischen Kaders entdeckt, in dem sie selbst und alles um sie herum zur Zufriedenheit ausschließlich eines männlich sehenden Publikums ausgerichtet sei.[150] Die Ausstellungsszene beginnt hinter Edda. Mit dem Rücken zur Kamera hat sie sich diesen männlichen Kinoblick angeeignet und sich selbst als legitime Zuschauer*in* definiert, die mit ihren eigenen Augen eine Version ihrer selbst im immanenten Kader betrachtet, in Anita Rées »Selbstbildnis« (1930). Eddas Pose ist nicht im Wortsinne ein Spiegelbild von Anita Rées Annäherung an sich selbst. Vielmehr handelt es sich um eine antizipatorische Reflektion: Warum auch immer die Figur im Gemälde ihre Hand an die Wange legt – als Geste des Erschreckens, Erstaunens, der Verzweiflung –, Edda und den Fotografinnen *wird* es im Laufe des Abends ähnlich ergehen. Auch die Nacktheit der Figur ist Reflektion. Sie entspricht nicht etwa einer Scham, hier, auf *dieser* Ausstellung, auf den guten Willen etablierter Persönlichkeiten hoffen zu müssen. Über Scham wird im Film kaum lamentiert, stattdessen das Unbehagen kreativer Frauen im Umgang mit der Welt nüchtern als Fakt verwaltet. Nackt ist die Gruppe hier allenfalls, weil sie aus dem Schutz des eigenen Ateliers heraustreten und diesen Kontakt zu einer empathielosen, bezugsunfähigen und dennoch schwafelnden Welt überhaupt suchen muss.

Aus dem Off schichtet sich eines dieser dröhnenden Gespräche über Eddas Grübeln. Mit Edda blickt die Kamera hinüber zu Fotografin 3, die in der Tiefe mit zwei Männern zusammensteht: Christos Joachimides, im echten Leben gefragte Kuratorensensation, und Ulrich Roloff, Vorsitzender des Kunst-Ausschusses des Berliner Abgeordnetenhauses, später Präsident der Hochschule der Künste, noch später auch der nGbK. Beide mögen in dieser Einstellung sich selbst spielen oder augenzwinkernd nur den mächtigen Kulturmanager-Archetypen, wenn sie Fotografin 3 mit Wortschwallen bearbeiten, mehr miteinander sprechen oder mit sich selbst als mit ihr, die sich ein bitteres Lächeln nicht verkneifen kann. Später wird sie dieses Gerede als »Vortrag über Berlin« beschreiben, »im Allgemeinen und Besonderen, gestern und heute« – also genau über die Expertise der Gruppe.

Die drei werden gerahmt von Elfriede Lohse-Wächtlers »Fabriklandschaft« (um 1927) vorne rechts und Barbara Morgans »Letter to the World (Kick)« (1940), eine Fotografie der Tänzerin Martha Graham, hinten links.[151] Morgans Auf-

150 Vgl. Mary Ann Doane: »Film and Masquerade: Theorising the Female Spectator«, in: *Screen*, Jg. 23 (1982), H. 3/4, S. 74–87.

151 Barbara Morgan: *Martha Graham: Sixteen Dances in Photographs*, New York 1941, S. 123.

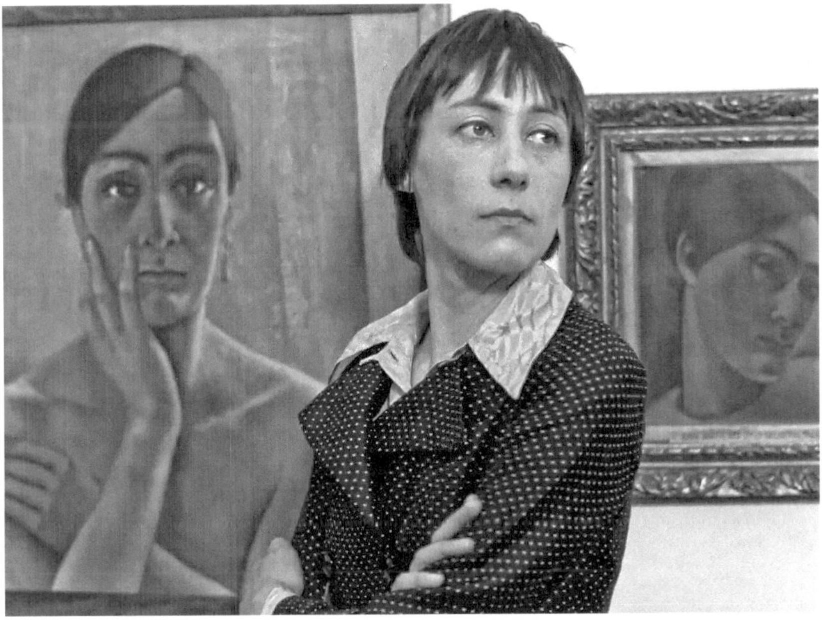

Abb. 19: Anita Rées »Selbstbildnis« als antizipatorische Reflektion

nahme dokumentiert Grahams gleichnamige Performance, die wiederum nach Emily Dickinsons Gedicht benannt ist. »This Is My Letter to the World« (um 1862) sei »addressed not to the private receivers of her poetry in her time and place, but to the wordly world unaware of her existence.« Eine Welt zumal, die, was entscheidender ist, »never wrote to Me« und ein Gespräch mit dem Ich nie gesucht hat, auf die Idee eines solchen Gespräches nie gekommen wäre. »Judge tenderly – of Me«,[152] schließt das Ich mit der Bitte um Nachsicht, da es Aufmerksamkeit derart forsch fordert und zudem verlangt, gesehen zu werden und gehört. In Redupers müssen dieses Gespräch auch die Fotografinnen suchen. Begegnet wird ihnen mit nur wenig Zuspruch oder gutem Willen. Augenrollend, gelangweilt, schweigend, gehorsam nickend müssen sie hinnehmen, zuweilen amüsiert. Auf solchen Witz, der nicht heiter ist, sondern verzweifelt, weil er einfach nicht weiter weiß, greift Redupers immer wieder zurück. Helke Sander selbst galt der Film als »in Maßen komischer Beitrag zu der Frage, warum aus Frauen so selten was wird«.[153] Ihr ätzend humorvoller Umgang mit Geschlechterverhältnissen,

152 Helen Vendler: *Dickinson: Selected Poems and Commentaries*, Cambridge 2010, S. 237.

153 Antje Goldau: »Übersicht: Bundesdeutsche Filme 77/78« in: Pflaum: *Jahrbuch Film 78/79*, S. 224–241, hier: S. 225.

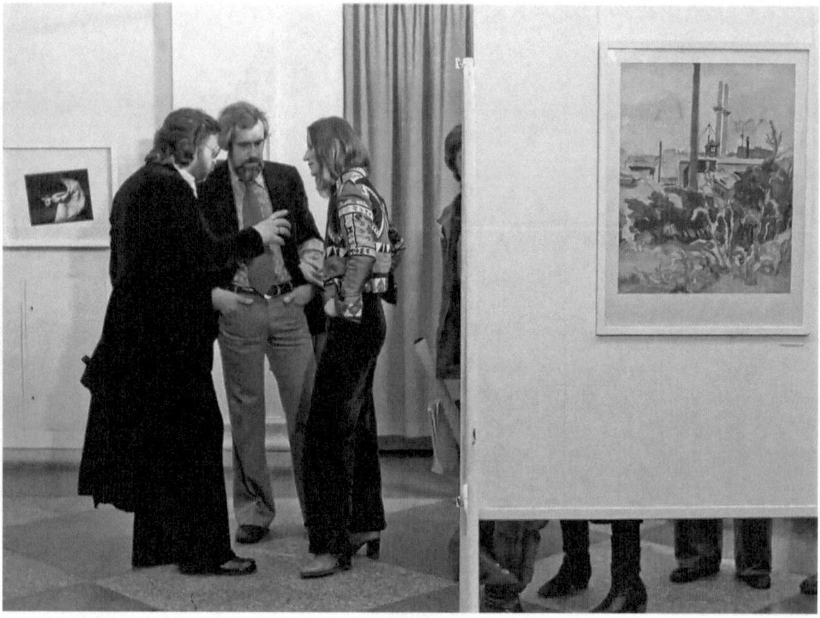

Abb. 20: Ein Tritt in Richtung Welt

Mikroaggressionen und mit den Widerständen, die die Fotografinnen zu navigieren haben, deutet sich schon im Sprachspiel des Silbenworts »Redupers« an, manifestiert sich im Film, wann immer Edda sich »durch kleine Fluchten in Poesie und Ironie vor dem Ich-Verlust bewahrt.«[154] Entsprechende Kommentare des Voiceovers verhindern, »dass die Atmosphäre des Films ins Tragische kippt.«[155] Ironie und Humor arbeiteten bei Sander Hand in Hand: »the one to point fingers at ingrained, hidden, at times deliberate gender-specific behavior; the other to underline ingrained, hidden, and for the most part insurmountable gender structures.«[156]

Wie in anderen Situationen weiß der Film sich auch in dieser nicht anders zu helfen, als mit einer »strong dose of the grotesque, and a kind of sullen, abrasive

154 Lenssen: »Die allseits reduzierte Persönlichkeit – Redupers«, S. 236. Vgl. auch ähnlich Corrigan: *New German Film*, S. 124.

155 Zechner: »Auf der Suche nach der eigenen Wahrnehmung«, S. 137.

156 Gesa Zinn: »Helke Sander and the Meaning of Laughter«, in: *South Central Review*, Jg. 20 (2003), H. 2/4, S. 131–142, hier: S. 134.

black humor«.[157] Denn während Joachimides und Roloff reden, sich dabei in der Galerie nach bedeutenderen Gesprächen umsehen, zweckentfremdet die Einstellung Morgans / Grahams / Dickinsons »Letter to the World« als übelgelaunten Brief an die patriarchale Berliner Kunstwelt: Aus Grahams Tanz wird ein Tritt in Richtung Joachimides. »This woman«, Martha Graham in Barbara Morgans Fotografie ist gemeint, »may be lamenting, but hers is an eternal lament and she is beyond our pity.«[158] In REDUPERS wird aus dieser unspezifischen Klage eine aktive, zielgerichtete Geste. – Als habe Martha Graham bei Helke Sander nur mehr wenig Geduld mit ihrer eigenen Indifferenz bei Barbara Morgan, als nutze sie ihre Choreografie als Waffe, die nicht ohne den Humor der Verzweiflung auskommt: als Tritt. Das muss man nicht unterhaltsam finden, und über gewalttätige Fantasien, seien sie noch so verspielt und idiosynkratisch, muss man nicht lachen. Nicht einmal über einen kruden Witz, der auf eine krude Welt reagiert. Nicht nur Prophezeiungen, Träume, Zeichen nähmen den Ausgang eines Geschehens vorweg, auch der Humor als tröstender letzter Ausweg habe etwas Proleptisches, eine messianische Dimension. Indem er die Wirklichkeit negiere und jeweils eine bestimmte »Perspektive auf die Welt«, imaginiere er eine Alternative. Mit »dem Verfahren der Kunst teilt er die Doppeldeutigkeit der permanenten Sinnzerstörung bei gleichzeitiger Evokation eines Eigen-Sinns, der auf eine Fiktion verweist«, sogar »auf die Fiktionalisierung des Realen«.[159] Martha Graham, in Helke Sanders Mise-en-scène, würde so gern und kann die Grenzen des Fotorahmens doch nicht transzendieren, um auf die Herablassungen in dieser langen Szene einzutreten. Dass sich gegen sie einfach nichts ausrichten zu lassen scheint, das ist »die Prolepse einer ausbleibenden Erlösung«.[160] Die Fiktion dieses gewalttätigen Witzes wird selbst auf einer feministischen Kunstausstellung immer Fiktion bleiben. Das ist der Witz an diesem Witz, über den sich weinen und zürnen lässt vor Verzweiflung – oder lachen.

157 Ruth Perlmutter: »German Grotesque: Two New Films by Helke Sander and Ulrike Ottinger«, in: Sandra Frieden (Hrsg.): *Gender and German Cinema*, Bd. 1, Providence 1993, S. 167–177, hier: S. 168.

158 Jack Anderson: »Morgan's Graham: Images of Images«, in: *Dance Chronicle*, Jg. 4 (1981), H. 3, S. 334–337, hier: S. 336.

159 Gertrud Koch: »Humor und Komik als kommentierende Perspektive«, in: Gertrud Koch und Thomas Hilgers (Hrsg.): *Perspektive und Fiktion*, Paderborn 2017, S. 221–231, hier: S. 223.

160 Ebd., S. 231.

6.2 Der Blick ins Freie

Die fünf Fotografinnen haben sich über die Galerie verteilt, sprechen jeweils mit einer, ausnahmsweise auch mit zwei Kontaktpersonen aus jeweils einem anderen Bereich. Gleichzeitigkeit im Kino lässt sich nur sukzessiv zeigen. Immer wieder jedoch wird die suggerierte Simultanität der Gespräche von Deleuzes »irrationalen« Schnitten zwischen einigen der Einstellungen gebrochen, sie sorgen für »falsche« Anschlüsse. Fotografin 1 wird zu sehen sein, wie sie gerade erst an der Ausstellung ankommt und in der nächsten Einstellung bereits im Monolog eines Juristen gefangen ist, als befände sie sich dort seit Stunden. Ähnlich Fotografin 3, die den Kader jetzt von rechts betritt, ohne dass sie sich aus der Begegnung mit Roloff und Joachimides sichtbar gelöst hätte. Nicht kommunizierte Zeit muss vergangen sein. Unhörbar setzt Fotografin 4 nun Fotografin 3 womöglich auseinander, welche Schlüsse aus den Monologen der Männer zu ziehen sind. Oder die Fotografinnen verabreden – ohne Gabriele Münters Gemälde »Blumen vor Bildern« (um 1910) und »Blick vom Balkon des Bonner Hauses« (1911) zu beachten – das weitere Vorgehen, verschwinden hinter der Stellwand, geben am linken Bildrand den Blick auf mehrere Gesprächsschichten in der Tiefe frei. Eine nach der anderen schält sich in denselben White Cube ab wie Fotografin 3 und 4 und verspricht jeweils für einen Moment, den ungehinderten Blick bis ganz in die Tiefe freizugeben, dort bis zum erlösenden Fenster. Wenn nicht hinter jedem Gespräch ein jeweils neues stattfände, das sich sofort ebenfalls in die Mitte entfernt: zwei Frauen zunächst, von denen sich eine in der nächsten Einstellung als FDP-Politikerin erweisen wird; dann ein Mann, ein Künstler, im lockeren Monolog, während drei teilweise verborgene Frauen zuhören müssen. Darunter Edda, die mit diesem Mann noch zu tun bekommen wird.

Vorne war Fotografin 3 und 4 entgangen, dass auch Gabriele Münters »Blick vom Balkon des Bonner Hauses« einen solchen Blick ins Freie eröffnet. Jenseits eines mit Ranken bewachsenen Geländers die Dämmerung. Auf der Seitenstraße eine Baumreihe in kräftigen Herbstfarben, hinten die ruhende Stadt. »Blumen vor Bildern« bietet andere Perspektiven. An der Wand in der Ainmillerstraßener Wohnung hängen zwei Hinterglasmalereien aus Gabriele Münters Privatbesitz: eine Kreuzigungsszene aus dem frühen 20. und der Heilige Florian aus dem späten 19. Jahrhundert.[161] Stuhl und Esstisch mit reich gefüllten Blumenvasen.

161 Vgl. Rosel Gollek: *Gabriele Münter, 1877–1962. Gemälde, Zeichnungen, Hinterglasbilder und Volkskunst aus ihrem Besitz*, München 1977, S. 35–39 und 136–137. [Den Hinweis auf Gabriele Münter verdanke ich Marie van Bömmel, K. V.]

Jeweils für sich öffnen »Blick vom Balkon des Bonner Hauses« und »Blumen vor Bildern« die bürgerlich-gediegene Privatsphäre sowohl für empirische als auch für metaphysische Welten sowohl in beschaulicher Nähe als auch in unerreichbarer Ferne. Um diesen Raum tatsächlich öffnen zu können, müssten die Gemälde betrachtet werden, doch für Fotografin 3 und 4 zählt vorne allein die Navigation des irdischen Raums und der hier zu erledigenden Gespräche. Sie sehen nicht hin, lassen sich von der Stellwand durch die Ausstellung führen, nicht von Erlösungsversprechen. Die Wand leitet und hindert auch den Kinoblick: Nachdem die drei Gespräche von links in die Bildmitte hinter die Wand getrieben sind, bleibt der Ausgang dieser Begegnungen dort zunächst verborgen, wird erst später gezeigt: In einem werden die Fotografinnen die paternalistische Ablehnung der Politikerin erfahren, in dem anderen den übergriffigen Zuspruch des Künstlers. Vor keiner dieser Begegnungen werden Gabriele Münters Hoffnungen die Gruppe bewahren können.

Auf dieser anderen Seite der Wand findet sich Fotografin 4 von der FDP-Abgeordneten (Beate Kopp) durch Andreina Robottis Installation »Begriff der Jungfräulichkeit« (1976) im Hintergrund getrennt, links hinter der Politikerin hängt Joanne Seltzers Collage »My Father's Hat« (1974). Beide Arbeiten bieten Grundsatzanalysen der Mechanismen und Symptome einer patriarchalischen Kultur und Gesellschaft.[162] So gerahmt, steht das Gespräch unter schlechten Vorzeichen. Die FDP fühle sich, erstens, hintergangen, weil die Arbeiten der Fotografinnen nicht rechtfertigten, wie sehr sich die Politikerinnen für sie eingesetzt hätten. Zweitens habe man erwartet, dass die Gruppe, anstatt sich mit den eigenen oder allgemeineren Problemen zu beschäftigen, konkret Arbeiterinnen abbilden würde, und dies vorzugsweise in einem positiven Licht. Der Foto-Wettbewerb

162 Gabriele Münter hatte den Blick aus ihrer Wohnung gemalt, Andreina Robottis Fotografien sehen zum Fenster eines Mietshauses hinauf. Dort zeigt sich die Gewalt, die sich in häuslicher Beschaulichkeit verbirgt. Links liegt über dem Balkongitter eine junge Frau auf ihrem buchstäblich aus der Privatsphäre heraus in die Öffentlichkeit gebrachten Leintuch, das mit Blut besudelt ist: »Es gibt nichts Lächerlicheres und nichts Tragischeres als die Idee der Wichtigkeit der Jungfräulichkeit; und trotzdem, wie viele Frauen wurden deswegen umgebracht!« Arbeitsgruppe Frauen in der Kunst: *Künstlerinnen international*, S. 307. Joanne Seltzer erzählt mit Familienfotos und Dokumenten die Geschichte ihrer Familie. Die Eltern begegnen einander als Studierende, die Mutter trägt den Hut des Vaters, nimmt seinen Namen an, als sie heiraten, und »became a legal extention [sic] of him.« Der Vater wird eingezogen, die Mutter trägt auf einem Foto seinen Helm. Joanna wird geboren, auf einem Foto trägt sie den Hut des Vaters als Kleinkind: »I was given his name and also became his legal extention [sic].« Ebd., S. 367. [Auch den Hinweis auf Andreina Robotti und Joanne Seltzer verdanke ich Marie van Bömmel, K. V.]

des Senats als »Marktplatzfest« und »Narrentag«, auf dem die grundsätzlich geächtete Arbeit der Fotografinnen ausnahmsweise und unter strengen Auflagen zugelassen wird, solange sie als Närrinnen für Erleichterung sorgen.[163]

6.3 Zirkus

Unter anderen Bedingungen wollte 1948 die Malerin Hella Jacobs, was auch die Fotografinnen dreißig Jahre später wollen: »Und das ist mein heißestes Bemühen ... ich zu sein, das zu malen, was meine ureigenste Schöpfung ist«.[164] Das gilt insbesondere, wie gesehen, für Fotografin 1, die sich ausdrücken können will, sich aber vor den Konsequenzen fürchtet, und von Anfang an pessimistischer war als die anderen Fotografinnen. Um sie herum beschäftigen sich Hella Jacobs' Arbeiten mit »Großstadtthemen, Randexistenzen der Gesellschaft, Vergnügungen in Nachtcafés, Varieté und Zirkus«,[165] mit modernen Schwundformen einer archaischen, untergegangenen Welt: »Vom 17. Jh. an verliert das volkstümlich-karnevalistische Leben an Einfluß [...]. Viele alte Karnevalsformen haben sich in der Komik der *Schaubuden*vorstellungen und im *Zirkus* erhalten«.[166] Hinter dem Juristen verborgen ist die titelgebende Figur in Hella Jacobs' »Artistenkind« (1927). Um ihn herum ist vom Gemälde nur das Zirkuszeltinnere im Scheinwerferlicht zu sehen und ein einzelnes jener vielen Augenpaare, die die Leichtigkeit und Kohäsion der Tänzerin, ähnlich wie der Jurist die Fotografin, nicht einen Moment nicht betrachten. Was auch immer im Zirkus des 20. Jahrhunderts an gegenkulturellem Wirbeln noch bleibt, das Ziel der Kontrolle, die in solchen Blicken liegt, bedeutet bei aller Bewunderung eine »Degradierung und Banalisierung des karnevalistischen Weltempfindens«[167] – und somit die Eliminierung der Tänzerin hinter dem Juristen und hinter seinem Gesetz. Dass moderne Formen widerständiger Virtuosität – wenn auch nicht gleich Bachtins ungebärdiges Chaos – gerade dort gedeihen, wo sie Lücken und Möglichkeiten im Gesetz entdecken, das gilt dem Juristen nichts.

163 Vgl. Michail Bachtin: *Rabelais und seine Welt: Volkskultur als Gegenkultur*, Frankfurt am Main 1995, S. 125.

164 Zitiert nach Maike Bruhns: »Hella Jacobs«, in: Ulrich Luckhardt (Hrsg.): *Künstlerinnen der Avantgarde in Hamburg zwischen 1890 und 1933*, Bd. 2, Bremen 2006, S. 102–115, hier: S. 102.

165 Ebd., S. 103; vgl. auch S. 107 und 110.

166 Michail Bachtin: *Probleme der Poetik Dostoevskijs*, München 1971, S. 146.

167 Ebd., S. 147.

Hinter Fotografin 1 hängt Hella Jacobs' »Artist« (1929), »geradezu bürgerlich bekleidet mit Hemd und Krawatte«,[168] nur mehr ein »*Schaubuden*«-Karnevalist. In seinem Blick dieselbe Überforderung und Resignation, mit der auch Fotografin 1 ihrer Situation begegnet: In der Halbtotalen sortiert sie mit Tunnelblick den Raum hinter der Kamera, nimmt allenfalls ausnahmsweise kurzen Augenkontakt zum Juristen auf. Dessen wenig ermutigende Prognosen hatte sie vorhergesehen. Sie hat also Recht behalten.

6.4 Haut

Allein Fotografin 2 trifft im Gespräch mit einer Journalistin nicht etwa auf Herablassung, sondern es wird ihr vorbehaltlose Unterstützung zugesichert. Keine Hintergrundkunst wird hier als Kommentar herangezogen. Vor drei Gemälden Gerta Overbecks beginnt im Anschluss das letzte und längste Gespräch, der Tiefpunkt des Abends.

Unter »dem Eindruck der Häßlichkeit und der Trostlosigkeit des von der Schwerindustrie geprägten Lebensumfeldes«[169] entstehen in den späten 1920er-Jahren Gerta Overbecks Porträts: Hinter Edda zum Beispiel »Susanne« (1930), eine »Hinterhofszenerie aus Sitzbänken, Bottichen und aufgehängten Wäschestücken bildet ihren Spielplatz.«[170] Zwischen Künstler und Edda ist das »Dienstmädchen« (1929) eines Mittelklassehaushaltes im Freien zu sehen, ihr Arbeitsplatz im Hintergrund. Weil der Kopf der jungen Frau so sehr dominiert, die Perlenkette und ihr Haar, werde die Weiblichkeit dieser Figur »defined in terms which go beyond the domestic nature of her labour and into the realm of the public sector«[171] – in dem ein Platz für sie nicht vorgesehen ist. Gerta Overbecks Gemälde »treat the female subjects as important in and of themselves; they are not viewed symbolically as objects or accompaniments to scenes in which male figures are the real subjects«, sondern werden »as particular individuals«[172] dargestellt. Hier, im Freien, nimmt sowohl »Susanne« als auch das »Dienstmädchen« Blickkontakt mit der Kamera auf, beide sind mit dieser Publikumskonfrontation den

168 Bruhns: »Hella Jacobs«, S. 104.

169 Hildegard Reinhardt: »Gerta Overbeck«, in: Britta Jürgs (Hrsg.): *»Leider hab ich's Fliegen ganz verlernt«: Portraits von Künstlerinnen und Schriftstellerinnen der Neuen Sachlichkeit*, Berlin 2000, S. 124–139, hier: S. 130.

170 Ebd., S. 132.

171 Marsha Meskimmon: *Women Artists and the Neue Sachlichkeit: Grethe Jürgens and Gerta Overbeck*, unveröffentlichte Dissertation, University of Leicester 1992, S. 108.

172 Ebd., S. 157–158.

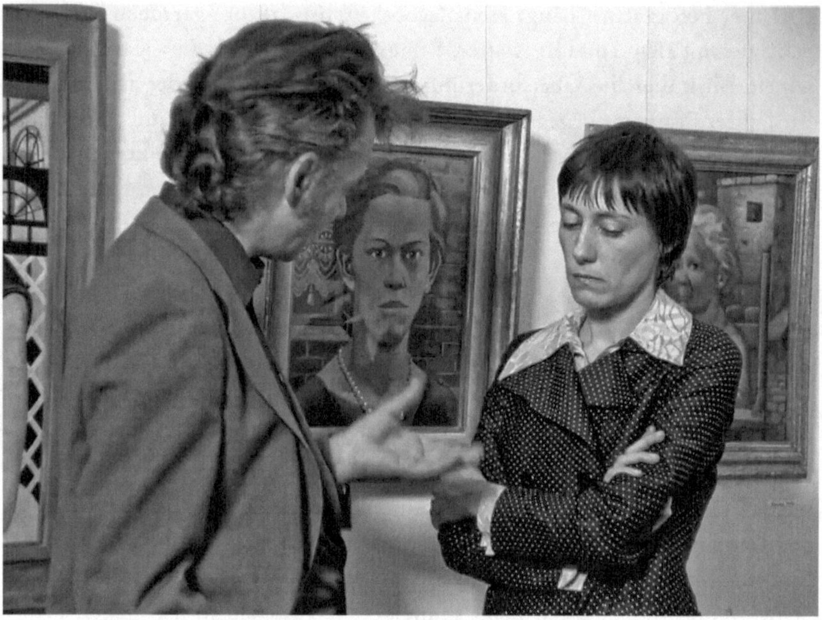

Abb. 21: Vor Gerta Overbecks Gemälden

Fotografinnen einen Schritt voraus, die erst noch herausfinden müssen, ob und wie sie der Betrachter:innenebene begegnen können. Die eine tut dies unerschrocken, die andere zweifelnd, und zwischen diesen Polen ist Edda gefangen: Sie muss den bohrenden Blick des Künstlers erwidern und tut dies gequält, ausweichend. Zwischen tapferem »Dienstmädchen« und klagender »Susanne« oszilliert Edda während dieses lehrerhaften Monologs über Erfahrungen in und mit der Kunstszene, die nichts mit den ihren zu tun haben müssen. Beide Figuren tun das, was Edda nicht vermag – sie halten einem dominanten Blick stand.

Ganz links hinter dem bildenden Künstler (Frank Burckner) ragt der rechte Rand von »Bildnis Toni Overbeck« (1926) hervor, das dort im Off verborgen und unerreichbares Ideal bleibt. Das Gemälde zeigt eine junge Frau, die ohne Begleitung einen traditionell männlich kodierten Raum, das Kaffeehaus, optisch dominiert. Die Neue Frau, ein Weimarer Topos, »in dem Starkult, Körperkultur und der Aufstieg der modernen Formen der Unterhaltung […] zusammen kamen.«[173] Von all dem ist wenig zu sehen, nur der äußerste rechte Rand: der

173 Marsha Meskimmon: »Grethe Jürgens, Gerta Overbeck und die ›Frauenkultur‹ in der Weimarer Republik«, in: Fuhrmeister: *»Der stärkste Ausdruck unserer Tage«*, S. 53–57, hier: S. 54.

bloße Oberarm der Tänzerin Toni, ein Teil der Schulterpartie ihres Kleides, die Fenster des Hannoveraner Café Kröpcke.

Hautatmung könne »als Vorgang begriffen werden, bei dem der Mensch über sein größtes Sinnesorgan unmerklich mit der Welt in Verbindung steht.«[174] Das Inkarnat in Gerta Overbecks Gemälde sei blass, kränklich, habe keine Poren, keine geöffneten zumal, ohne die der Atemprozess gestört, jede Kommunikation des Menscheninneren mit dem Außen verunmöglicht und der »(kommunikative) Austausch zwischen Mensch und Umraum [...] auf Formales beschränkt [werde]: Menschliche Kälte wird hier verkürzt dargestellt begreifbar als notwendige Reaktion«[175] auf eine feindliche Umwelt. Hier in ihrer Café-Welt ist die Figur Toni – »stark, geschmeidig, graziös und modebewusst«, eine moderne, »unabhängige junge Frau mit wachsenden Zugangsmöglichkeiten zu den angenehmen Seiten des öffentlichen Lebens«[176] – zu keinem Gespräch, zu keiner einzigen Interaktion gezwungen.

Alle Merkmale, die solche Bestimmtheit visuell etablieren, befinden sich im Off der Einstellung: Gestik, Blick, Haltung, das grüne Samt-Kleid, Make-up, Schmuck. Dort hat der Publikumsblick zu ihnen keinen Zugang, um sie mit Edda zu identifizieren.[177] Stattdessen wirkt Edda selten derart verunsichert, unkonzentriert, ungeduldig wie hier in *ihrer* feindlichen Umgebung, ohne nur den Ansatz jener Selbstsicherheit, die einer jungen Frau bei Gerta Overbeck ermöglicht, einen öffentlichen Raum, ob nun ein Café oder eine Kunstausstellung, zu dem ihrem zu machen, obwohl sie dort nichts verloren haben soll. Identifizieren lässt sich Edda, während sie dem gnadenlosen Künstlerblick ausgesetzt ist, allein mit dem porenlosem linken Arm der Figur Toni – mit dem Unwillen, dieses oder irgendein Gespräch zu führen, sei es auch notwendig.

174 Pamela Britt Bannehr und Isabelle Schwarz: »*Perspiratio Insensibilis*: Ausbleibende Hautatmung im *Bildnis Toni Overbeck* von Gerta Overbeck?«, in: Linn Burchert und Iva Rešetar (Hrsg.): *Atem: Gestalterische, ökologische und soziale Dimensionen*, Berlin 2022, S. 47–68, hier: S. 48.

175 Ebd., S. 66.

176 Meskimmon: »Grethe Jürgens, Gerta Overbeck«, S. 54.

177 Vgl. zum Fehlen eines solchen Zugangs auch elfriede irrall und helke sander: »ein gespräch über die angst, über schönheit und hässlichkeit«, in *frauen und film* 3, Jg. 3 (1976), H. 7, S. 43–46.

6.5 Auf der anderen Seite der Stellwand

Längst hat sich der Blick daran gewöhnt, dass mit einem Schnitt das jeweilige Gespräch beendet ist: Eine Einstellung reicht aus, um die erhaltenen Ratschläge zu dokumentieren. Im Hintergrund haben Fotografin 3 und 4 ihre Arbeit erledigt, vorne ist Eddas Gespräch mit dem Künstler das einzige, das nach einem Schnitt keine Erlösung bringt und auch nach einem fünften nicht. Die Kamera ist auf die andere Seite der Stellwand gesprungen, hier kommt Edda erstmals zu Wort. Zu sehen sind hinter der Wand nurmehr Beine. Erstmals in dieser Szene befindet sich die Kunst im Vordergrund, sie ist nicht mehr Fundament und Kontext, sondern Abstraktion eines Gesprächs, das sich von zwei Körpern gelöst hat. Im immanenten Off hinter der Wand wird aus einem Austausch, der verifizierbar war, weil ihm zugesehen werde konnte, reiner, körperloser Klang. Zu hören sind Eddas Zweifel, ob die New Yorker Kontakte oder persönlichen Erfahrungen des Künstlers für sie denn wirklich relevant sind. Zu hören ist, wie habituell ihre Einwände als unbedeutend verworfen werden. Beide Stimmen sprechen jetzt nicht mehr für Edda oder den Künstler, sondern entkörperlicht für *etwas*. Hinter der Stellwand transzendieren sie das Privatgespräch zweier identifizierbarer Subjektivitäten. Als bloßer Klang sind beide Positionen extrapolierte Machtverhältnisse, die auf der Rückseite der Gerta-Overbeck-Wand von den zynischen Allegorien Hanna Nagels als gesellschaftliche Dimensionen eines konkreten Gesprächs skizziert, analysiert und karikiert werden, ohne sie auf die Spezifika dieses einen Gesprächs zu beschränken. Anders als die ausgestellten Figuren Edda und Dorothea in der Terrariums- und Eiscafé-Szene haben sich hier zwei fast unsichtbare Figuren von sich selbst gelöst, sind zu Diskursen geronnen.

Hanna Nagels Auseinandersetzung mit dem »psychischen und physischen Ich als Frau in Abgrenzung zum männlichen Du« mache sie zu einer »Vorläuferin feministisch orientierter Kunstrichtungen in der Gegenwart«.[178] Ihre Arbeit zeige die »Furcht vor den Zwängen der Gemeinschaft, vor der gegenseitigen Abhängigkeit, vor der Mehrfachbelastung einer Existenz als Künstlerin, Ehefrau und Mutter.«[179] Sie erkunden, wie »Mutterschaft mit Erwerbsnotwendigkeiten und künstlerischer Entfaltung vereinbart werden kann, [sowie die] Frage,

178 Erika Rödiger-Diruf: »Einleitung«, in: Sylvia Bieber (Hrsg.): *Frauen im Aufbruch? Künstlerinnen im deutschen Südwesten 1800–1945*, Karlsruhe 1995, S. 21–29, hier: S. 27–28.

179 Ursula Merkel: »Die erste Generation – Künstlerinnen an den Akademien in Stuttgart und Karlsruhe«, in: Bieber: *Frauen im Aufbruch?*, S. 201–226, hier: S. 217.

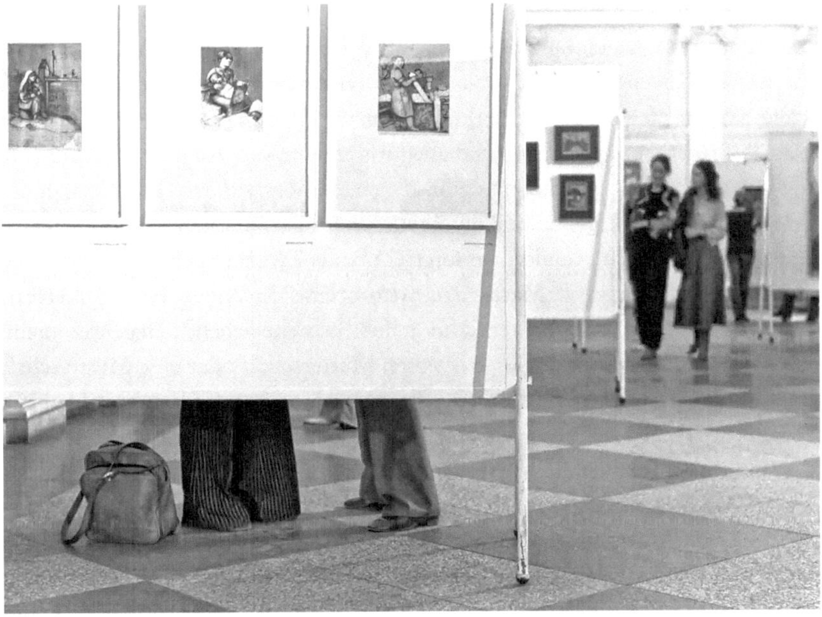

Abb. 22: Hinter der Stellwand

welche Konsequenzen sich aus der um ein Kind erweiterten Paarbeziehung ergeben können«.[180]

Edda hat auf einige dieser Fragen womöglich bereits Antworten gefunden. Sie war verheiratet, den Ehekampf, der Roswitha in Kluges GELEGENHEITSARBEIT EINER SKLAVIN noch bevorsteht, hat sie bereits hinter sich, die Beziehung zu Werner ist jetzt provisorisch. Ansonsten bleibt Hanna Nagels Situation auch ein halbes Jahrhundert später Eddas Situation, sie birgt für beide ein »persönlich empfundene[s] Konfliktpotenzial, das zugleich exemplarisch für die Situation vieler Frauen war und ist«.[181] Hanna Nagels Alter Ego steht im Mittelpunkt ihrer Arbeiten dieser Jahre: »Wie keine andere Künstlerin ihrer Zeit setzt sie sich selbst in Szene, nimmt sich ins Visier, erprobt Rollen, in denen die Unterschiede der Geschlechter aufgehoben und verwischt werden, sich manifestieren, kritisiert

180 Renate Berger: »›Es bleibt nur dies: die eine Hand, dies eine Herz‹: Zu Hanna Nagels frühen Zeichnungen«, in: dies. (Hrsg.): *Liebe – Macht – Kunst: Künstlerpaare im 20. Jahrhundert*, Köln 2000, S. 327–356, hier: S. 345.

181 Sylvia Bieber: »›Zeichnen ist meine Leidenschaft‹: Zu Hanna Nagels Arbeiten der Jahre 1926–1933«, in: Städtische Galerie Karlsruhe (Hrsg.): *Hanna Nagel: Frühe Werke 1926–1933*, Karlsruhe 2007, S. 13–27, hier: S. 19.

oder ironisch gebrochen werden.«[182] Sie tut dies selbstbewusst »mit kurzen Haaren, modischer Kleidung und Brille im Stil der emanzipierten, weltoffenen, modernen ›Neuen Frau‹«.[183] Bislang hat die Hintergrundkunst dieser Szene konkrete Gespräche zwischen konkreten Einzelpersonen kommentiert. Hanna Nagels Grotesken im Vordergrund allegorisieren private Ängste und Konflikte mit einer derberen Variante jenes grämlichen Humors, auf den Helke Sander nur gelegentlich zurückgreift. Sie kommentieren Eddas Situation deshalb nicht als rein private Situation, sondern als intersektionale Zwangslage.

Links zeigt »Sehnsucht, Maria zu sein« (1930) eine Madonnen-Figur mit Hanna Nagels Zügen, ein Neugeborenes im Schoß. Das titelgebende Begehren meint das Mysterium der schwangerschaftslosen Mutterschaft oder eine Mutterschaft ohne dominante Präsenz des Vaters. In Anspielung auf die Rast der Heiligen Familie auf ihrer Flucht nach Ägypten kauert die Figur im Zentrum des Gemäldes. Ein »Josef«, der in den Renaissance-Darstellungen der Rast am Bildrand bestenfalls nach Essbarem sucht, ansonsten nicht sehr präsent ist, fehlt hier ganz. Eine Schachtel mit Münzen verweist auf die Implikationen eines Autonomiebedürfnisses: Ohne die Privilegien des Mannes wäre selbst oder gerade eine gebildete, talentierte, künstlerisch tätige Frau unter den herrschenden Bedingungen auf Bettelei angewiesen, solange sie sich nicht auf das patriarchale Spiel einlässt. »Kinder und Kunst« (1932) in der Mitte ist eine mehrerer Arbeiten, die nach 1930 »feature [Hanna Nagel] with one or more infants, sometimes staging the perceived conflict between marriage, motherhood, and career in an extremely literal way.«[184] »Satanisches Grinsen« (1930) schließlich ganz rechts: vorne eine Krankenschwester, die als die Künstlerin erkannt werden soll. Bei ihr liegt der bandagierte Leichnam eines Mannes mit Hans Fischers Zügen, Hanna Nagels Ehemann und Künstlerkollege. In einer anderen Grafik, »Geburt« (1931), entnimmt Fischer Hanna Nagels mumifiziertem Alter Ego ein Neugeborenes, »Mutter und Kind sind durch Mumienbinden scheinbar untrennbar verbunden.«[185] »Satanisches Grinsen« hingegen satirisiert am Beispiel eines Säuglings, der durch den seitlichen Brustkorb des Vaters auf die Welt gekommen ist, die Frage, wie es

182 Vgl. Inge Herold: »Hanna Nagel: Das vergessene Werk einer Pionierin feministischer Kunst«, in: Inge Herold und Johan Holten (Hrsg.): *Hanna Nagel*, München 2022, S. 8–38, hier: S. 24.

183 Bieber: »›Zeichnen ist meine Leidenschaft‹«, S. 19.

184 Joanna Wendel: *Cocottes, Garçonnes, and Cowboys: Gender and Figuration in the Work of George Grosz, Karl Hubbuch, and Hanna Nagel, 1915–1935*, unveröffentlichte Dissertation, Harvard University 2019, S. 167.

185 Caroline Hess: *Hanna Nagels politisches Frühwerk: Bilder alltäglicher Diskriminierung*, Norderstedt 2019, S. 350.

denn einem gebärfähigen Mann bei einer Geburt erginge. Beim Publikum setzt der Blick der Krankenschwester Verständnis und Zustimmung voraus und alles andere, was Edda von keinem Mann in Redupers bekommt, auch vom Künstler nicht: »The flat tone of his candor suggests that he does not experience or he has suppressed the moral conflict produced by the contradictions he's chosen to live with.«[186] Ein Privileg, das Edda verwehrt bleibt. Um 1930 verdichtet Hanna Nagel die fratzenhaften Facetten herrschender Geschlechterverhältnisse, die es Edda noch 1977 verunmöglichen, sich auf ihre Arbeit zu konzentrieren. Ein einziges Mal kommt sie hinter Hanna Nagels Arbeiten zu Wort – sie deutet an, dass sie keine Kapazitäten habe, auch noch in der Berliner Stadtpolitik mitzuwirken. Der Künstler kommt nicht einmal darauf, dass die Lässigkeit, die er sich selbst gönnt, für andere Luxus ist, für die meisten unerreichbar. Er schlägt ihr diese Selbsteinschätzung ab: »Ich find' das nicht gut.«

6.6 Gewaltgeschichten

Ein zeitraffender Einschub – Fotografin 2 und 3 beim Händewaschen, sie rekapitulieren so mutlos wie amüsiert ihre Fortschritte – nährt die Hoffnung, dass Edda sich mit diesem Schnitt von Künstlerblick und Künstlerurteil befreit haben könnte: Doch schon die nächste Einstellung zeigt die beiden beieinander über dem Katalog der Ausstellung *Künstlerinnen international*. Vertrauter zwar, ansonsten ist die Dynamik unverändert: Eddas Einwände werden nicht ernstgenommen, auf alles gibt es eine bessere Antwort. Als sie hinter dem Künstler den Kader verlässt, öffnet sich der Blick auf Margaret Harrisons Collage »Anonymous Is a Woman« (1976/77), im Hintergrund hatte sie unscharf gelauert. Jetzt hat sie die Einstellung für sich, wird hier zum Auspizium. Harrisons Arbeit spreche »to the continual violence present in the social invisibility imposed on women, in this case concurrent with the structural violence to which [acht, K. V.] historical female public figures were subjected. The artist invites us to examine the links between the violence of their disappearance and the external pressures they suffered as successful women in a world where men set the criteria for success.«[187] Kontaktemachen also, die Bereitschaft zu Selbstvermarktung und Rücksichtslosigkeit, zu Illoyalität, Machtspielen, Konkurrenzkämpfen und zu allem anderen, was der Künstler Edda an diesem Abend vermitteln will. Die Kamera stellt

186 Katzman: »Redupers«, S. 62.
187 O. A.: *Margaret Harrison: Dancing on the Missiles*, Charleroi 2021, S. 17.

sich ein auf diese Collage über »the lives of eight women« – von Rosa Luxemburg bis Bessie Smith – »selected for their contributions to culture, but since six of them died violent deaths«,[188] weil sie sich dieser Anforderungen verweigert hätten. Als dem Künstler dämmert, dass auch Edda für unpassende Ratschläge nicht zu haben ist, droht diese Gewaltgeschichte sich in diesem Gespräch fortzuschreiben. Seine Aufmerksamkeit war momentweise vielleicht professionell motiviert, jetzt wird sie rein sexuell sein. Sowieso scheint er Edda nie in Treu und Glauben beraten, sondern seine Machtposition von Anfang an nur ausgenutzt zu haben, um ein Vertrauen aufzubauen, für das Edda ihn nun körperlich kompensieren soll – obwohl sie ihn eigentlich nur um Rat bitten wollte. Aus dem verhaltenen Berühren einer Hand in der Kneipe wird im Hauseingang Gerangel, das amüsant nur für einen ist.

6.7 Kostbare Koralle

Die Ahnung einer solchen Entwicklung hatte sich zu Beginn der Szene in Anita Rées »Selbstbildnis« gezeigt. Anita Rée, als Malerin nach ihrem Tod weitestgehend vergessen, wurde in den 1980er-Jahren für eine Dissertation und umfangreicher 2018 für eine Retrospektive wiederentdeckt.[189] Der Katalog zur Ausstellung klagt, dass ein Großteil dessen, was über Anita Rées Leben bekannt ist, auf Zeitzeug:innen zurückgehe, die die Künstlerin über Jahrzehnte hinweg mythologisiert hätten. Inzwischen lasse sich kaum mit Gewissheit sagen, wer diese Anita Rée tatsächlich war.[190] So wird geschimpft und trotzdem nicht anders verfahren: An Anita Rées Arbeit, die von der »Erfahrung des Fremd-Exotischen« geprägt seien, und von einer »Faszination für das Andere«,[191] sei nur wenig eindeutig. Zeitlebens habe sie sich auf der Suche »nach dem Ich und dem Gegenüber«[192] befunden.

Ab den 1910er-Jahren entstehen eine Reihe von Selbstporträts. Neben dem, in dem sich Edda spiegelt, hängt rechts ein zweites (vor 1915) mit dem für Anita

188 O. A.: *Margaret Harrison: From Rosa Luxemburg to Janis Joplin; Art Work* [sic] *and Studies; Homeworkers; Rape*, New York 1980, S. 1.

189 Vgl. Maike Bruhns: *Anita Rée: Leben und Werk einer Hamburger Malerin 1885–1933*, Hamburg 1986, sowie Karin Schick (Hrsg.): *Anita Rée: Retrospektive*, München 2017.

190 Vgl. Sophia Colditz und Maike Bruhns: »Anita Rée und die Geschichte einer Rezeption«, in: Schick: *Anita Rée*, S. 52–57, hier: S. 55.

191 Anna Heinze: »Von den Alten Meistern zur Moderne – Anita Rée in Italien«, in: Schick: *Anita Rée*, S. 34–43, hier: S. 36–37.

192 Karin Schick: »Im Dazwischen«, in: dies.: *Anita Rée*, S. 14–25, hier: S. 22.

Rées Selbstporträts dieser Jahre typischen, skeptisch zur Seite gelegten Kopf. Ab den 1920er-Jahren übernähmen Ausdrücke der Unsicherheit und Nachdenklichkeit und konkret im »Selbstbildnis« von 1930 der melancholischen Kontemplation, die sich – so setzt der Katalog seine Mythologisierungsarbeit fort – aus einer Vielzahl persönlicher Probleme gespeist hätten, aus Anita Rées unablässiger Suche »nach ihrer Identität als Mensch, Frau und Künstlerin.«[193]

Überzeugender ist und produktiver, dass Anita Rée in diesem Gemälde nicht nur subjektives Empfinden darstelle, sondern auch kulturhistorische Topoi ver-

193 Sophia Colditz: »Selbst«, in: Schick: *Anita Rée*, S. 95. Weil die wenigen erhaltenen Fotos der Malerin die Fantasien gleich mehrerer Autorinnen des Katalogs nicht zu befriedigen scheinen, rassifizieren sie sich eine Künstlerin zusammen, die ganz unbedingt genauso ausgesehen haben muss, wie sie sich in ihren Gemälden zu zeigen vorgibt: »Mit ihrem warmen Hautton und den dunklen, mandelförmigen Augen galt die Hamburgerin mit südamerikanischen Wurzeln als exotische Erscheinung.« Ebd. »Warm«, natürlich, soll »wie Milchkaffee« oder »kakaobraun« meinen – eine rassistische *Bild-Zeitungs*-Trope genauso wie die »mandelförmigen Augen«. Eine gekürzte, unter anderem Autorinnen-Namen geführte Version dieses Artikels legt nach, wenn sie andernorts diesen Satz um eine antisemitische Dimension erweitert, die auch den jüdischen Teil der Familie Rée orientalisiert und ihm implizit vorrechnet, ungenügend deutsch gewesen zu sein: »Mit ihrem warmen Hautton und den dunklen, mandelförmigen Augen galt die Hamburgerin mit jüdischen Vorfahren und südamerikanischen Wurzeln als exotische Erscheinung.« Karin Schick: »Anita Rée: Selbstbildnis, 1930«, in https://online-sammlung.hamburger-kunsthalle.de/de/objekt/HK-2543/selbstbildnis?term=&filter%5Bfacet_obj_artistName%5D%5B0%5D=Anita%20R%C3%A9e&context=default&position=9 [zuletzt aufgerufen am 6.3.2024]. Von all dem abgesehen, bleibt unerklärt, warum das Aussehen der Künstlerin für eine Analyse ihrer Arbeit relevant sein soll. Im jüngsten Katalog zum Werk des Malers Paul Cezanne beispielweise, den Anita Rée geschätzt haben soll wie nur die Malerei der Renaissance (vgl. Schick: »Im Dazwischen«, S. 15), fehlt jeder Hinweis auf seine Erscheinung. Vgl. Achim Borchardt-Hume (Hrsg.): *Cezanne*, Chicago 2022. Ohne Bewusstsein der Schwelle zwischen Kunst und Realität bilden sich die Autorinnen ein, mit Gemälden einen empirischen Körper erschließen zu können. Dabei sah Anita Rée doch *so* nicht aus: »Man wird immer zwischen dem ›Signierenden‹ und dem ›Subjekt‹ [›sujet‹] des Selbstportraits unterscheiden können. Ob es sich um die Identität des vom Zeichner gezeichneten Objekts oder um die des gezeichneten Zeichners selber handelt, mag letzterer der Autor der Zeichnung sein oder nicht, die Identifizierung bleibt eine *wahrscheinliche*, d. h. unsichere und jeder inneren Lektüre entzogene, sie bleibt ein Gegenstand der Schlußfolgerung und nicht der Wahrnehmung, der Kultur und nicht der unmittelbaren oder natürlichen Anschauung […]. Deshalb wird man von einem Werk immer nur hypothetisch sagen können, es sei das Selbstportrait des Selbstportraitisten.« Jacques Derrida: *Aufzeichnungen eines Blinden*, München 1997 (1990), S. 67. Doch Sophia Colditz lässt nicht locker: Anita Rée »hob diese Andersartigkeit in zahlreichen Selbstbildnissen hervor.« Colditz: »Selbst«. Dabei existiert ihr Abbild doch gerade in einem Selbstporträt als Norm und als das Andere ausschließlich dann, wenn der betrachtende Blick es aus der Fremdartigkeit einfach nicht entkommen lassen will.

arbeite. Zum Beispiel Albrecht Dürers in der Hand ruhenden Kopf als Verweis auf die Melancholie. Auch ihre eigene Vorliebe für Ohrringe aus Roter Edelkoralle. Koralle schütze gegen »melancholische Fantasien«, und solchen Schutz bietet im Gemälde wohl der Ohrhänger im linken Ohr der Figur.[194]

Die Einstellungen unmittelbar vor der Ausstellungsszene erläutern mit Eddas Vorbereitungen für den Ausstellungsbesuch die politische Dimension der zu erledigenden Netzwerkarbeit: Haare föhnen, Make-up, Schmuck, Kleidung raussuchen. In der Keksdose voller Krimskrams findet sich ein Ohrclip. Bei Anita Rée mag der Ohrhänger Heilmittel gegen eine Gemütsstimmung sein. In Redupers verspricht der glitzernde Tand, Edda bei ihrer Arbeit an sich selbst für diesen Abend zu unterstützen, denn »die Umgangsformen unterstützen sie darin, sich so in ihrem Bild zu entfremden«,[195] wie es in der Urkritik an diesen Umgangsformen heißt. Hatte sie sich beim Umziehen im Dōjō noch allen Irdischen entledigt, dann im Morgenmantel zu Hause alle Freiheiten gehabt, so geht es bei dieser Arbeit um den guten Willen, der im Patriarchat selbst auf feministischen Kunstausstellungen einer als »eindeutig« und »vollständig« kodierten Gender-Repräsentation viel eher zukommt als allen anderen. So ungeübt ist Edda jedoch im Rekurs auf die pragmatische »Vorführung einer Vorstellung eines Körpers der Frau«,[196] durch die sich den »Umgangsformen« abgewinnen ließe, was ihr andernfalls nur eingeschränkt zugänglich ist, dass sie die nötigen Werkzeuge nicht zur Hand hat, wenn sie sie braucht.

Wiederholt, als wolle die Welt die improvisierende Edda beschützen, werden ihre Vorbereitungen vom klingelnden Telefon unterbrochen: Ein befreundeter Anwalt glaubt nicht, dass das Projekt der Fotogruppe durchkommen werde. Der Anruf einer Bekannten evoziert eine Szene in Jeanne Dielman, 23, quai du Commerce, 1080 Bruxelles (Chantal Akerman, 1975), wenn Edda sich überreden lässt, am nächsten Tag auf das Kind der Anruferin aufzupassen. Der zweite Ohrclip lässt sich nicht finden. Edda verschmäht den ersten, zieht ohne Schmuck los. Ein letzter Anruf kurz vor Verlassen der Wohnung bleibt unbeantwortet – im Erzählkino immer Omen für die bevorstehende Katastrophe. Weil sich ein:e Protagonist:in dieses letzten Anrufs nie bewusst ist, fällt es im Kino dem Publikum zu, das Unbehagen solcher Vorzeichen allein zu tragen. Von nun an ist es der Figur einen Schritt voraus, wird die Dramaturgie von der Spannung zwischen Publikumswissen und Figurenahnungslosigkeit genährt. In Redupers

194 Vgl. Gabriele Himmelmann: »Ein Netzwerk der Kultur: Anita Rée in Hamburg«, in: Schick: *Anita Rée*, S. 44–51, hier: S. 48–50.

195 de Beauvoir: *Das andere Geschlecht*, S. 668.

196 Bovenschen: »Über die Frage«, S. 70.

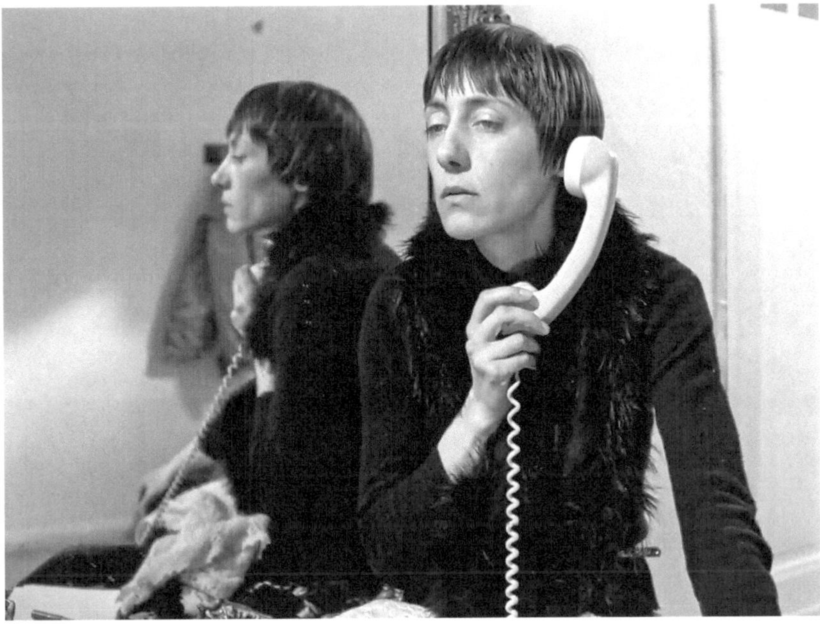

Abb. 23: Vorbereitungen auf den Abend

holt Edda das Publikum schon in der nächsten Einstellung ein: Bevor sie mit Fotografin 3 die Orangerie betritt, hält eine Nahaufnahme eine silberne Brosche an der Manteltasche fest. »Glaubst du, das hebt?«, will sie noch wissen. Sie meint: »Glaubst du, das schützt und wird mir und uns heute Abend anstelle der Ohrringe dabei helfen, das zu bekommen, was wir brauchen?«

***

Die Ausstellungsszene eröffnet hinter Edda, sie hat sich den männlichen Kinoblick angeeignet und sich selbst als legitime Zuschauer*in* umdefiniert, die mit ihren eigenen Augen im kaderimmanenten Kader eine Version ihrer selbst in Anita Rées Version ihrer selbst betrachtet. Die rechte Hand an der rechten Gesichtshälfte als Geste des Erschreckens oder Erstaunens, der Verzweiflung als ideelles Spiegelbild antizipiert Anita Rées »Selbstbildnis«, wie Edda und die Fotografinnen auf der Ausstellung nicht etwa Freuds vermeintlich unbegreifbare »Weiblichkeit« beobachten werden, sondern die Auswüchse der patriarchalen Konkurrenzgesellschaft: Sie werden niedergeschlagen sein, beschämt, entsetzt und frustriert ganz ähnlich wie die Figur im Porträt. Nicht etwa weil sie, wie angeblich die empirische Malerin, erfolglos nach einer Identität suchten.

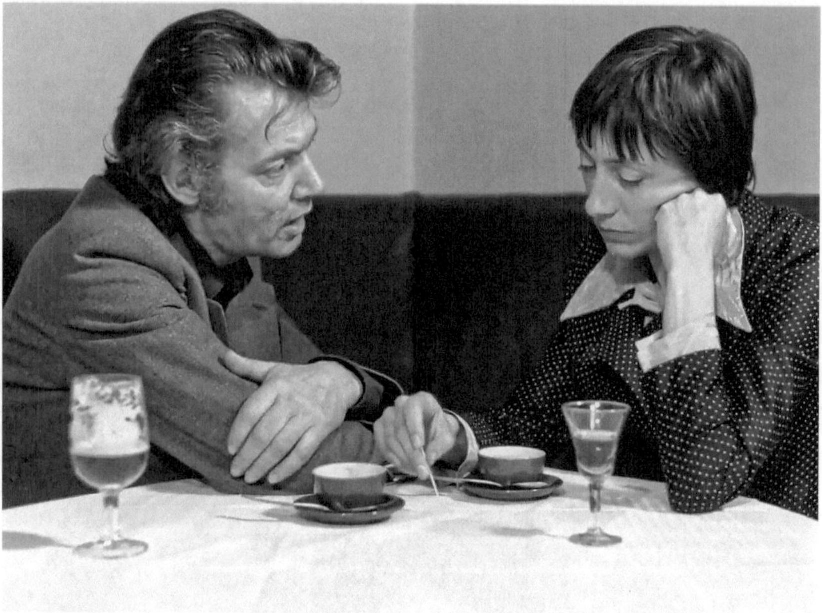

Abb. 24: Selbstschutz

Sondern weil sie andere um Rat fragen müssen, wie mit ihren eigenen Erfahrungen umzugehen sei. In der Mise-en-scène reagiert Anita Rées Figur mit Fassungslosigkeit, und zwar aus Solidarität zu den Fotografinnen, die heute und immer an Haltung bewahren müssen und sich – anders als ein Gemälde – einen emotionalen Ausrutscher nicht erlauben dürften. Auch scheint die Figur im Porträt mit der Hand an der Wange eine Warnung auszusprechen. Als Edda später den Annäherungsversuchen des Künstlers ausgesetzt ist, wehrt sie sich mit einer nahezu identischen Geste.

Mehr noch: An einer Definition von Gender-Kategorien arbeitet sich der Film so wenig ab, wie er an der Unmöglichkeit »zu allen Zeiten« (Freud) solcher Definitionen verzweifelt. Stattdessen solidarisiert er sich mit den in der Ausstellungsszene vertretenen Künstlerinnen. Deren Werk bietet Unterstützung, Inspiration, Wissen, Gemeinschaft, auch Sicherheit: Barbara Morgans Foto hilft dabei, auch über ein schmerzhaftes Gespräch noch lachen zu können. Hella Jacobs skizziert regellosen Ungehorsam als möglichen Ausweg, während Gerta Overbecks Gemälde demonstrieren, wie dem patriarchalen Starren theoretisch standzuhalten sei. Andreina Robottis und Joanne Seltzers Arbeiten führen persönliche Erfahrungen und überindividuelle Gewaltstrukturen zusammen, deren Verhältnis auch in Hanna Nagels Zeichnungen deutlich wird. Deren Allegorien helfen zudem, auch Eddas Erfahrungen zu universalisieren, sie aus dem privaten also in den politischen Raum zu manövrieren. Margaret Harrisons Collage schließlich trauert und warnt. Polemisch zeigt sie die historischen Gefahren auf, denen sie hier und heute und immer und überall ausgesetzt sind. Allein Gabriele Münters Visionen metaphysischer und/oder bürgerlicher Erlösung werden nicht weiter berücksichtigt, ja kaum gewürdigt. Dennoch: Aus Zeitgründen oder anderen mag die Fotografin Edda keine Aktivistin sein, sie muss arbeiten. Die Regisseurin Helke Sander nutzt ihre eigene Arbeitszeit dazu, um sich in Eddas Namen zu wehren. *Künstlerinnen international 1877–1977* war als Ausstellung konzipiert worden, die in erster Linie Kunst von Frauen zeigen sollte. In REDUPERS denkt Helke Sander sie als Ausstellung um mit Kunst von Frauen, die gemeinsam zurückschlagen.

7. Dienstagmorgen

Mit dem Wissen um die Möglichkeit einer solchen Wehrhaftigkeit kommt nun Vieles zur Ruhe. Lange hatte Edda auf ihrer Reise dieses ausprobiert und jenes, sich an Variationen desselben Problems immer wieder abgearbeitet, häufig in Kollaboration mit anderen, häufig auch isoliert. Aus der flachen Anonymität einer Kamerafahrt ganz zu Beginn des Films wurde in der Orangerie die vielschichtige, oftmals widersprüchliche Gleichzeitigkeit einer Fülle von Kunstwerken. In einer allerletzten Einstellung wird aus diesen so zahlreichen Oberflächen des Films jetzt eine einzige Standaufnahme, ein Blick in die Tiefe: Als Edda am Morgen nach der Ausstellung nach Hause zurückkehrt, erstreckt sich die Christstraße einen ganz Block lang in die Entfernung. Unterwegs begegnet Edda der Tochter. »Wo warst denn du?«, zitiert Dorothea gleich zweimal den historischen Verantwortungslosigkeitsvorwurf, dem sich eine Mutter nach beliebigen Vergehen, seien sie zur Selbstaktualisierung auch noch so nötig, selbst dann ausgesetzt sieht, wenn die Exzesse eines Vaters als Heldentaten gefeiert werden oder gar als Recht und Pflicht verteidigt. Zugleich verbirgt sich in dieser angespannten Bürgersteigbegegnung auch ein Verweis auf die Früchte, die Eddas unermüdlicher Kampf um Zusammenhalt längst trägt: An diesem Morgen ihres Fehlens wird sie sich darauf verlassen haben können, dass die Mitbewohnerin sich um Dorothea kümmert. Eine Süßigkeit aus der Bäckerei zum Trost steckt sie ihr für den Schulweg trotzdem zu.

Endlich lässt sich mit dieser Standaufnahme ganz weit sehen und viel mehr entdecken als Berliner Ruinen und Berliner Brachen, Berliner Männer und Berliner Gewalt: ein Kiez am frühen Morgen, ein Weg geradeaus in die Zukunft. Von der chaotischen Stimmenproliferation vieler verfeindeter Radios ganz zu Beginn bleibt eine einzige Frauenstimme. Sie blickt hier zurück, analysiert und reflektiert, sie spricht zu sich selbst. Zwar steht ihr für diese neue Klarheit noch keine eigene Sprache zur Verfügung, doch sie kann auf bereits existierende Worte für verwandte Erfahrungen zurückgreifen: »Nicht zu reden war über die Pläne, die, im Tagebuch genau ablesbar, entstehen, sich verändern, fallengelassen werden, mißlingen oder, unerwartet, scheinbar unvermittelt fertig da sind.« Von allen narrativen Gattungen ist das Tagebuch den Alltagsritualen am nächsten und erklärtermaßen eine probende Skizze, die nicht einmal dann als vollendet rezipiert wird, sollte sie öffentlich gemacht werden. Ein Tagebuch existiert als Versuch, der sich bei seinem eigenen Selbstverständnisprozess begleitet. Nominell endet dieser Prozess nie. »Wer einen anderen über dessen Tagebuch befragt, muß in Kauf nehmen, wenn man ihm mehr verschweigt als sagt.« Das heißt nicht, dass der Inhalt des Tagebuchs im Verborgenen bleiben muss: Um Machtstruktu-

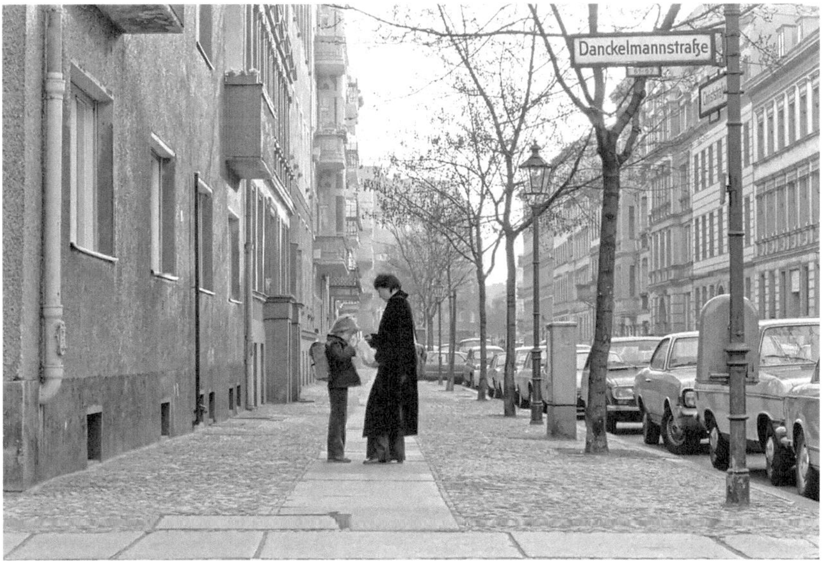

Abb. 25: Der Blick in die Tiefe

ren bloßzustellen, die sich nur im vergleichenden Austausch als System begreifen lassen, müssen gerade subjektive Erfahrungen kommuniziert werden, seien sie auch noch so unvollendet. Es heißt lediglich, dass ein Tagebuchfilm klassische Identifikationsmuster verweigern und auch den Weg seiner Figuren offen lassen wird: Denn alles hier geschieht unmittelbar, nichts ist orchestriert, Edda als Protagonistin versteht (sich selbst) in Echtzeit, wer weiß schon, wie es weitergeht.[197] So zumindest die Prämisse des Tagebuchfilms. Auch deshalb vermag das Voice-over seine eigene Poetologie erst jetzt zu formulieren, ganz am Ende, im Blick zurück: »Nicht zu schildern waren die Versuche, zeitlich sehr nahen Lebensstoff durch Denkanstrengung auf Abstand zu bringen«, das Private also als Politisches zu erkennen, das Subjektive als Objektivität zu akzeptieren, Erfahrungen als Strukturen zu begreifen. Auch was daraus entstehen wird, lässt sich im Moment noch nicht recht sagen: »Weiter möchte ich nicht gehen.«[198]

197 Vgl. Mary C. Gentile: *Film Feminisms: Theory and Practice*, Westport 1985, S. 129–130: »By presenting Edda's experience with all the ellipses and loose ends of a diary, Sander discourages her audience from constructing the kind of whole picture they might identify with.«

198 Alle Zitate auf dieser Seite aus: Christa Wolf: »Tagebuch – Arbeitsmittel und Gedächtnis«, in: dies.: *Essays, Gespräche, Reden, Briefe 1959–1974*, München 1999, S. 59–75, hier: S. 74.

8. Register

9. Danksagung

Für Materialien- und Kontaktvermittlung, für Informationen, Denkanstöße, Korrekturen, Hinweise, Erläuterungen, Ideen, fürs Zuhören, für Ratschläge, Inspiration und Geduld herzlichen Dank an die Fernleihe der Claremont Colleges Library, an Becky Ballinger, Terezina Barac, Ross Benjamin, Gudrun Blohberger, Marie van Bömmel, Charlotte Brombach, Elisabeth Bronfen, David Cubek, Michael Franz, Heike Geißler, Jörn Glasenapp, Claudia Hein, Inge Herold, Caroline Hess, Mascha Jacobs, Monika Kaiser, Chuck Kamm, Marc Katz, Lisbeth Richter Larsen (Det Danske Filminstitut), an meine erste Leserin Clara Louden, Stefan Keppler-Tasaki, Ekkehard Knörer, Natalie Lettenewitsch, Hark Machnik, Michaela Melián, Cristina Nord, Elisabeth Paefgen, Joe Parker, Wolfgang Pennwieser, Hildegard Reichardt, Claudia Richarz, David Roselli, Steffen Siegel, Richard Stoiber, Jan Süselbeck, Seiko Tasaki, Lyannie Tran, Sarah Vennemann, Melina Weissenborn, Annette Weisser, Joanna Wendel, Eleana Zeits, Birgit Ziener, Robert Zwarg – und an Helke Sander.